Gilbert Cesbron

UN ROMAN DE POCHE

Quatre récits

Textes et documents

Présenté et annoté par Friedrich Klotz

Ernst Klett Verlag

ISBN 3-12-598300-2

1. Auflage 1 7 6 5 4 | 1988 87 86 85

Alle Drucke dieser Auflage können im Unterricht nebeneinander benutzt werden.
Die letzte Zahl bezeichnet das Jahr dieses Druckes.
Die vier Geschichten dieser Sammlung sind dem Band *La ville couronnée d'épines* von Gilbert Cesbron entnommen. Der Abdruck erfolgt mit freundlicher Genehmigung der Editions Robert Laffont,
Umschlaggestaltung: Hans Lämmle, Stuttgart.
Druck: Gutmann + Co., Heilbronn. Printed in Germany.

Table des matières

Introduction 4

Quelques dates importantes 6

Un roman de poche 7
  Comprendre, analyser, discuter 20
L'enfant de l'autoroute 22
  Comprendre, analyser, discuter 34
Pavillon perdu 36
  Comprendre, analyser, discuter 51
L'enfant prodigue revient toujours trop tôt 53
  Comprendre, analyser, discuter 63

Questions sur l'ensemble des récits 65

Appendice

Gilbert Cesbron par lui-même
1. Attitude envers les jeunes 67
2. Les jeunes et les vieillards 67
3. Le bonheur 68
4. L'amour de la banlieue 68
5. Le métier d'écrivain 69

Textes complémentaires
6. La mort de Gilbert Cesbron (Bertrand Poirot-Delpech) 70
7. Gilbert Cesbron (Monique Détry) 71
8. Dans l'étable où brille la paille (article présentant *La ville couronnée d'épines)* 71
9. La solitude (Françoise Sagan) 72
10. Le fils perdu et retrouvé (Nouveau Testament) 73

Questions sur les textes en appendice 75

Introduction

Plus de quarante volumes publiés au cours d'une vie de 66 ans, vie plutôt bourgeoise et vraiment peu riche en événements dramatiques; des tirages de 300 000 exemplaires; des traductions en plus de dix langues: Cesbron est incontestablement un auteur à succès qui a réussi dans tous les genres littéraires: roman, nouvelle, essai, théâtre. Quel est le secret de ce succès?

D'abord, la lecture des livres de Cesbron donne l'impression que celui qui les écrit, aime écrire; sa joie d'écrire suscite notre joie de lire. Cet auteur n'a jamais voulu être un homme de lettres, et pendant toute sa vie, il a cherché à exercer une profession qui n'ait aucun rapport avec l'écriture: «Celle-ci reste donc ma liberté en même temps que ma joie.» Il a écrit, parce qu'il aimait écrire et parce qu'il fallait absolument exprimer par l'écriture toutes les expériences accumulées au cours de sa vie. Ainsi, Cesbron est devenu un «témoin de son temps». Et voilà la deuxième réponse que l'on pourrait donner à la question posée. Partant de son expérience personnelle, l'auteur a abordé et illustré tous les grands problèmes sociaux de notre époque, problèmes qui, pour la plupart, se posent encore de nos jours avec la même acuité, à savoir les horreurs de la guerre, le racisme, la délinquance juvénile, la tragédie des enfants de divorcés, la misère des handicapés, l'euthanasie, la solitude des vieux et la vie dans les grands ensembles.

Cesbron ne se contente pas de mettre en évidence tous ces problèmes; cet auteur engagé, militant même, poursuit un but: il veut «changer quelque chose», «aider les autres à vivre». Et il y parvient de façon convaincante, parce que cette aide repose non seulement sur un engagement social très profond, mais surtout sur une foi sincère et inébranlable en Jésus Christ. «Que chacun d'entre nous, avant chaque décision, se demande: Que ferait le Christ à ma place?» D'habitude, on range Cesbron parmi les auteurs catholiques et on l'apprécie comme tel. Mais on peut, à juste titre, le comparer à Albert Camus. Leur philosophie n'est pas la même, bien sûr, mais ce qui les unit, c'est leur conception de la mission que l'homme doit accomplir en ce monde: «Rien au monde ne vaut qu'on se détourne de ce qu'on aime. [...] Ce que je hais, c'est la mort et le mal; [...] nous sommes ensemble pour les souffrir et les combattre.» (Camus, *La Peste*) – «Tout ce que j'ai écrit, tout ce que j'ai fait, c'était uniquement pour lutter contre le désespoir [...] né du spectacle de la douleur du monde.» (Cesbron, *Journal sans date*).

Pour donner une troisième et dernière réponse à notre question: Le leitmotiv qui revient à une centaine de reprises dans son œuvre, c'est l'enfance. «Nous sommes tous des enfants déguisés. [...] Ce que nous possédons de plus authentique, de plus personnel, c'est l'enfant qui survit en nous. [...] J'ai compris que la Société n'était qu'un bal déguisé et qu'on ne pouvait affronter les vrais problèmes qu'avec un regard d'enfant.» Chacun de nous étant «de son enfance comme d'un pays» (Saint-Exupéry), personne ne restera indifférent devant les livres de Cesbron.

Cet amour de l'enfance, cette pitié pour les jeunes confrontés aux problèmes de notre société, c'est le thème que Cesbron associe dans notre recueil de récits aux problèmes qui se posent «au milieu de cette lèpre qu'est la banlieue de Paris»: villes satellites, cités-dortoirs, urbanisation, désertification, pollution. Cesbron aimait se promener en banlieue. «Dès que j'avais un dimanche solitaire à Paris, je partais le matin par n'importe quel train, je m'arrêtais dans n'importe quelle gare de banlieue. [...] Je revenais le soir, épuisé, ayant fait provision de banlieue. Maintenant ce n'est plus possible.» – «Cette banlieue, charmante, mais condamnée», Cesbron l'a vue mourir en dix ans. «Ce n'est pas que je vois le drame partout, mais partout la douleur, ça oui.» Et il s'est décidé à écrire «sur elle ce testament romanesque, ce mémorial.»

En définitive, ce recueil traite de deux thèmes essentiels:

– la protection de l'environnement, l'une des tâches les plus urgentes qui s'imposent à notre génération,
– les problèmes de la jeunesse qui se posent à toute époque et dans tout pays.

Les jeunes d'aujourd'hui qui luttent pour un idéal ne peuvent rester insensibles devant ces quatre récits de Cesbron.

Quelques dates importantes

13 janvier 1913	Naissance à Paris de Cesbron.
1923	Etudes au Lycée Condorcet, puis à l'Ecole des sciences politiques.
1935	Préparation au concours du Conseil d'Etat.
1936	Cesbron renonce à se présenter au concours et se tourne vers la radio. Il devient adjoint au directeur de Production du Poste parisien, compagnie privée de radiodiffusion.
1939	Officier de liaison dans l'artillerie, Cesbron est chargé des contacts avec l'armée britannique.
1940	Après le désastre de Dunkerque, Cesbron accepte un poste de direction au Secours National (organisation chargée d'aider les victimes de guerre).
1944	Cesbron est nommé directeur des programmes de Radio-Luxembourg.
1952	Publication des deux ouvrages qui l'ont rendu célèbre: *Il est minuit, Docteur Schweitzer* (pièce de théâtre, portée à l'écran quelques années plus tard) et *Les saints vont en enfer* (roman).
1972	Cesbron quitte la Radio pour devenir secrétaire général du Secours catholique.
1973	Atteint d'un cancer douloureux et incurable, Cesbron se retire de la vie professionnelle.
1974	Parution du recueil de nouvelles intitulé *La ville couronnée d'épines* dont sont extraits les quatre récits de notre livret.
12 août 1979	Mort de Gilbert Cesbron à Paris.

UN ROMAN DE POCHE

Le voisin exaspéré donna trois coups de poing dans le mur; la radio de Gérard l'assourdissait, faisait trembler les meubles. Il attendit un instant, puis frappa des deux poings à la fois et, comme il n'avait pas tapé en mesure, sa protestation parvint jusqu'au garçon.

«Ce mec, pensa Gérard, j'en ai vraiment rien à foutre!»

Rien du tout, c'est vrai: ils ne vivaient pas selon les mêmes horaires, jamais ils ne se rencontreraient. Jamais aucun d'eux ne saurait à quoi ressemblait ce visage qu'une cloison guère plus épaisse que le poing séparait du sien.

«Ce mec...» – Mais peut-être était-ce une bonne femme. Pas une fille, en tout cas! Les filles ne cognent pas sur les murs: elles frappent aux portes et l'on peut s'arranger. D'ailleurs, les filles aiment cette musique-là et savent bien que le premier geste, en pénétrant dans sa chambre, est d'ouvrir la radio en même temps que la lumière: l'une chasse les ténèbres, l'autre la solitude. Quand la radio marche, pourvu que ce soit un peu trop fort, les problèmes, les souvenirs indésirables, les projets sans issue s'évanouissent.

Le voisin protesta de nouveau. «C'est sûrement un vieux, pensa Gérard. Pourtant, ils sont sourds d'habitude, non?»

Il n'avait connu ni son père ni sa mère, et il entassait les plus de quarante ans dans un fourre-tout de générations qui avaient fait on ne sait combien de guerres, calculaient en anciens francs, voyageaient par chemin de fer et détestaient le jazz. Il eut pourtant un bon mouvement, ouvrit grande sa croisée: «Comme ça, il entendra moins...» Mais la cour entière entendit, cette fois. «Encore ce dingue, avec sa musique yé-yé!» pensa le voisinage qui ferma ses fenêtres.

Le jour tombait sans hâte. En mai, fais ce qui te plaît! Et voici ce qui plaisait au soleil: se laisser flotter entre ciel et terre comme dans un hamac, écouter les rumeurs du soir: celles des villes où l'on devance la nuit à force

exaspéré,e très furieux
assourdir qn rendre qn comme sourd
taper en mesure frapper selon un certain rythme
un mec [k] *pop* homme, individu
j'en ai rien à foutre *pop* je m'en moque; ça m'est absolument égal
une cloison mur, paroi très mince entre les pièces d'une maison
une bonne femme *fam* femme
cogner frapper fort
les ténèbres *f* obscurité
pourvu que à condition que
sans issue irréalisable
s'évanouir *ici:* disparaître complètement
entasser mettre en tas, sans ordre
un fourre-tout *fam* un lieu où on met, pêle-mêle, toutes sortes d'objets
une croisée fenêtre
un dingue *fam* un fou
un 'hamac [œamak] filet suspendu entre deux arbres et qui sert de lit
devancer qn/qc précéder, arriver avant

d'enseignes lumineuses, celles des campagnes où l'on feint de ne pas la voir tomber.

Mais Gérard détestait cette heure indécise; tout ce qui ne ressemblait pas à sa vie l'effrayait, et celle-ci était taillée à la hache: l'atelier, et puis les copains et les filles; cinq jours, et le changement de planète du samedi; onze mois, et puis ces trente jours d'une tout autre étoffe. Une vie sans demi-saisons; alors, ce crépuscule de mai, vous comprenez, «il n'en avait rien à foutre». Dans dix minutes, il retrouverait Sylvie à l'*Apo* (c'était le diminutif d'*Apollinaire*, le nom d'un bistrot); ils iraient dîner dans un snack, danser au *Bus-Palladium*, et finiraient la nuit dans cette même chambre au son de la radio, très douce cette fois. Et demain, dimanche...

«Marre, marre, marre!» cria-t-il brusquement, plus fort que la radio. Il ne parvenait pas à obtenir de ses cheveux la disposition qu'il souhaitait: il s'agissait de ressembler à la fois à un poète romantique, à un voyou et à un cow-boy. Généralement, la longueur de sa chevelure et une certaine saleté huileuse le lui permettaient; mais, ce soir, il ne parvenait à ressembler qu'à lui-même en enfant de chœur.

«Marre, marre, marre!»

Avec cette formule magique, il jouait quitte ou double: ou bien sa coiffure et, par conséquent, sa soirée, seraient définitivement compromises, ou bien...

Les cheveux se soumirent. La radio lui donna l'heure avec, en prime, la marque d'une montre et quelques conseils pour obtenir le linge le plus propre du monde. Déjà? Sylvie devait l'attendre à l'*Apo*. Sylvie... Par égard pour le voisin, il baissa le son de la radio. Le souvenir de cette gosse lui dictait ainsi des gestes gentils, ce qui l'inquiétait. Du temps de José, de Cathy, ou surtout de Babette, celles-ci lui inspiraient plutôt des vacheries. Il se regarda au miroir avec le regard de Sylvie, se plut, s'attarda complaisamment. «Au troisième top...», répéta la radio. – «Merde!» Gérard sortit en courant, claqua la porte, dégringola l'escalier qui sentait la cuisine des autres.

Sur le seuil de la vieille maison, il aspira le bon air du quartier: gaz d'essence et vapeurs d'huile, grâce au feu

une enseigne lumineuse inscription, réclame etc. illumineé au néon
feindre de faire qc faire semblant de faire qc
taillé à la hache *ici:* trop bien organisé, programmé
le crépuscule temps entre le coucher du soleil et la tombée de la nuit
(j'en ai) marre *fam* j'en ai assez
un voyou un vaurien, un mauvais sujet
huileux,-se gras (comme de l'huile)
il jouait quitte ou double *ici:* c'était tout ou rien
compromis,e *ici:* gâché, manqué, perdu
en prime en plus
par égard pour en tenant compte de (aus Rücksicht auf)
un(e) gosse *fam* enfant
une vacherie *fam* parole (ou action) méchante
complaisant, e content de soi
le top [tɔp] (Zeitzeichen)
dégringoler descendre très vite
le seuil [sœj] pas de la porte (Schwelle)

rouge et à la friterie du carrefour. Il s'y mêlait un relent d'égouts, parce que les premières chaleurs troublaient leur digestion profonde, et l'odeur âcre et crayeuse de la droguerie dont la porte restait constamment ouverte. Gérard respira longuement, puis se mit à rire comme un chien: sans bruit et les yeux fermés, comme un chien qui retrouve l'odeur de son monde. C'était son monde à lui, ce paysage de tous les gris, sans un pouce de terre libre, sans une feuille, sans un oiseau. Les hommes avaient coulé, sur les entrailles de la rue, leur béton, leur asphalte, cette lave aveugle de la ville qui l'empêche de respirer. (Des petits enfants couleur de trottoir s'accroupissent parfois devant les bouches d'égout et attendent longtemps qu'en monte un cri vivant.)

Le sol carrelé de l'orphelinat, le ciment du préau de l'école et celui de l'atelier, tout ce qu'avait connu Gérard ressemblait à ce trottoir; il s'avança d'un pas confiant sur ce terrain si sûr. L'appel guttural du vendeur de *France-Soir*, le hurlement d'un juke-box, les ding-ding d'un flipper achevèrent de donner ses dimensions à son décor familier. Il pénétra dans le café, glissa une pièce dans un distributeur, reçut plusieurs rations de gomme à mâcher et dut défaire trois emballages de papiers différents avant de pouvoir mordre dans l'une. Bientôt, l'haleine même de Sylvie (qui en mâchait sans cesse) remplit sa bouche et, de nouveau, il se mit à rire de bonheur.

Sylvie est déjà arrivée à l'*Apo*; elle s'est assise dans un angle et les glaces reflètent l'une son profil gauche, qui est enfantin, l'autre son profil droit, celui d'une femme. La ville mûrit les filles en les «forçant», comme les maraîchers sans scrupule; Sylvie est une petite fille déguisée en femme, mais elle ne le sait pas. Ce soir, elle ne s'est pas regardée dans les glaces du bistrot: elle se moque de ses cheveux et de l'heure qu'il est: elle relit, pour la cinquième fois, la lettre de sa petite grand-mère, fourmilière répandue sur du papier quadrillé.

Le «Salut, Jerry!» des copains lui annonce l'arrivée de Gérard. Mais déjà, il la baise brutalement sur les lèvres, et puis sur le front mais très doucement; c'est sa manière et aussi le symbole de leur amour.

le relent mauvaise odeur
un égout canalisation
la digestion (Verdauung)
âcre fort, irritant (se dit d'une odeur ou d'un goût)
crayeux, -se qui contient de la craie
le pouce le plus gros des doigts de la main (hier: Daumenbreit)
couler verser
les entrailles *f* organes se trouvant dans le ventre
la lave matière qui sort du volcan lors d'une éruption
s'accroupir s'asseoir sur ses talons
carrelé,e pavé
un orphelinat maison qui recueille des orphelins (enfants sans parents)
un préau partie couverte d'une cour d'école
France-Soir important journal parisien
un 'hurlement cri aigu
un distributeur appareil qui permet d'acheter qc en échange d'une pièce de monnaie
une gomme à mâcher chewing-gum
un emballage papier qui sert à envelopper qc
un angle coin
forcer *ici:* faire pousser très vite des fleurs ou des légumes, avec des moyens artificiels
un maraîcher jardinier qui cultive les légumes
une fourmilière habitation où vivent les fourmis; *ici:* écriture irrégulière
le papier quadrillé papier couvert de lignes qui forment de petits carreaux

– Tu es mal coiffée.

– Tu penses, je n'ai pas l'esprit à ça!

– Qu'est-ce qui se passe?

Avant qu'elle puisse répondre, il l'embrasse de nouveau, longuement, parce que la sorte d'anxiété qu'exprime ce visage lui confère un attrait nouveau; c'est un peu comme s'il embrassait une autre fille.

conférer attribuer, donner
un attrait charme

– Alors, qu'est-ce qui se passe?

– Il se passe que ma grand-mère est malade. Elle m'a écrit.

– Tu as une grand-mère, toi?

(Lui n'a jamais eu personne; pour ne pas se sentir trop minable, il s'invente quelquefois un oncle dans le Périgord.)

minable pitoyable, très médiocre
le Périgord region du sud-ouest de la France dont la capitale est Périgueux

– Heureusement! Qui est-ce qui m'aurait élevée, si je n'avais pas eu de grand-mère?

– On se démerde, murmure amèrement son compagnon. Elle est vieille?

se démerder *pop* se débrouiller, se tirer d'affaire

– Heu... oui, dit Sylvie qui vient seulement de s'en aviser, de devenir adulte parce que son rempart s'effrite: sa petite grand-mère est malade.

s'aviser de qc se rendre compte de qc
un rempart mur épais qui protège une ville
s'effriter tomber en petits morceaux

– Marcel! commande Gérard qui ne sait plus quoi dire, apporte-nous deux...

– Rien du tout, décide Sylvie en se levant, je t'attendais pour filer à la gare.

filer *fam* s'en aller, partir vite

– Et notre soirée?

– Et ma grand-mère, Jerry?

Brusquement, il se sent absolument seul. Aucun copain, aucune fille, aucune radio ne comblera ce vide-là, ce soir.

– Où habite-t-elle?

– Près de Senlis.

Senlis petite ville dans la banlieue de Paris

– Je t'y conduis.

– Mais, Jerry...

(Allons bon, elle n'a pas l'air satisfait. Vous comprenez quelque chose aux filles, vous?)

– Ça ne te plaît pas?

– Si, si, tu es chic, fait-elle sans conviction.

– Tu as peur que mon genre ne convienne pas à ta vieille? demande Gérard, susceptible comme tous les orphelins.

Très vite, il l'embrasse, comme pour étouffer sa

mon genre *fam ici:* mes manières, ma tenue
susceptible très sensible
étouffer sa réponse *ici*: empêcher qu'elle ne réponde

réponse. «On dirait que j'ai besoin d'elle, sans blagues?» C'est vrai, on dirait, par instants, qu'il préfère cette gosse à lui-même! C'est un sentiment tout nouveau qui l'angoisse et l'humilie.

– Ce n'est pas «ma vieille», dit Sylvie quand elle a repris son souffle, c'est... c'est ma petite grand-mère.

Elle se demande, en effet, ce que la vieille dame des champs va penser de Jerry; elle le regarde avec des yeux de soixante-quinze ans qui, tous les matins, voient se lever un soleil sans éboueurs, approcher le facteur sur son vélo et, dans sa journée, rencontrent plus de bêtes que de gens. Ce sont les yeux de son enfance; et son désarroi doit se lire sur son visage rond: voici qu'il ressemble tout entier à son profil gauche...

– Pourquoi tu me regardes comme ça?

«Je dois l'aimer, pense Sylvie sans répondre. Je dois l'aimer puisque j'ai peur que grand-mère ne l'aime pas. Oh oui! je l'aime sûrement... Quelle chance!»

Elle lui saisit les mains, change de visage; lui aussi.

– Quand part-on?

– Tout de suite, si tu voulais bien.

En sortant de Luzarches, apparut une route, droite comme une épée, pointée vers ce ciel où le soleil abdiquait enfin. Pas une voiture; sur les deux rives, les arbres, alourdis par la chaleur du jour, formaient une haie de courtisans. Gérard poussa sa machine à fond; la lourde moto bondit comme une bête et tous les trois éprouvèrent un moment d'ivresse: la machine, son cavalier qu'elle vengeait de l'atelier où, huit heures durant, une autre machine l'avait asservi, et Sylvie. Assise en croupe derrière lui, la joue contre le blouson de cuir, protégée du vent, de la peur, protégée de tout, croyant, malgré le tumulte du moteur, entendre battre ce cœur qu'elle avait l'air d'ausculter, elle éprouvait un trouble qui lui rappelait l'amour physique. Elle se mit à crier impunément dans le vent et serra de toutes ses forces ce buste dur auquel elle se cramponnait depuis Paris.

– Hé! tu m'étouffes, cria-t-il ravi.

Non, rien n'aurait pu l'étouffer: il respirait, il respirait enfin! C'étaient les arbres, le soir libre, le ciel si vaste, et

une blague plaisanterie

un éboueur employé qui enlève les ordures ménagères
le désarroi le trouble, la confusion

Luzarches chef-lieu de canton du Val-d'Oise (banlieue de Paris)
pointer vers diriger vers
abdiquer renoncer à qc (abdanken)
alourdir rendre (plus) lourd
un courtisan personne qui fait partie de la cour du roi
à fond jusqu'à la limite du possible
bondir sauter, courir très vite
asservir qn soumettre qn, en faire son esclave
en croupe assis sur la moto derrière le conducteur
ausculter examiner un malade en écoutant les bruits de son organisme (p.ex. son cœur)
impunément sans être puni; *ici:* à tue-tête (lauthals)

surtout de tourner le dos à Paris. Il crut que c'était sa moto et le compteur qui marquait 130.

Il faisait nuit lorsqu'ils atteignirent Nerval, mais la lune patiente faisait office de veilleuse.

– A gauche! ... Tu tourneras à la barrière verte, là-bas ...

Ils avaient quitté les rues pour des chemins, puis des sentiers.

– Tu parles d'un bled, fit Gérard dégrisé.

Mais Sylvie, qui reprenait pied dans son enfance, ne l'entendit même pas.

– C'est là, cette petite maison avec une glycine ...

– Une quoi? ... Dis donc, où est-ce que je vais ranger ma moto?

– Dans le hangar du jardin.

– Il est moins grand qu'elle!

Déjà Sylvie frappait à la porte de la maison basse, frappait de nouveau, s'affolait de ne pas recevoir de réponse.

– Viens vite!

Gérard la rejoignit. La clef se trouvait sur la serrure, mais Sylvie avait peur d'entrer seule.

– Ouvre, toi!

Du seuil, ils aperçurent, dans un rayon de lune, la vieille dame qui dormait bien à plat comme une morte, coiffée d'un bonnet blanc qui enserrait son visage.

– Grand-mère!

– Qu'est-ce qui ...? Ah! c'est toi, ma petite Marie! («Marie»?) Tu pourrais me réveiller plus doucement.

– J'ai ... Tu m'as fait peur.

– Tiens donc! (Quand elle souriait, Sylvie lui ressemblait, mais comme le soleil ressemble à la lune. Sylvie ou Marie?) Je ne suis pas encore morte! ... Tu n'es pas seule? demanda-t-elle en allumant et en s'asseyant dans son lit qui parut immense.

– Un ami de Paris m'a amenée jusqu'ici ... Mais avance donc, toi! Voilà Jerry, grand-mère.

– Quel drôle de nom, dit bonnement la vieille dame. Ce ne serait pas plutôt Gérard? Vous vous tutoyez: vous vous connaissez donc depuis longtemps? (Elle n'attendit pas davantage la réponse.) Je laisse la clef sur la porte pour que les voisines puissent venir me voir. Mes pauvres

Nerval petit village au nord de Paris
faire office de servir de
une veilleuse petite lampe qu'on laisse allumée pendant la nuit (près du lit d'un malade p.ex.)
un sentier chemin étroit
un bled [d] *fam* petit village isolé
dégrisé,e qui n'a plus d'illusions
une glycine plante grimpante à fleurs odorantes
s'affoler devenir comme fou/folle; perdre la tête
enserrer entourer
bonnement simplement

enfants, où allez-vous dormir? Et moi qui n'ai même pas le droit de me lever pour préparer…

– Mais qu'est-ce que tu as exactement, grand-mère?

– Bah! mon âge, et le cœur un peu plus fatigué que la tête. Je ne voulais pas t'inquiéter, mais j'avais envie de te voir: il y a combien de mois que tu…

Sylvie courut l'embrasser. «Qu'est-ce que je fous là?» se demanda Gérard, mais il se sentait assez heureux.

– Est-ce que vous avez dîné au moins?

– Non, mais ça ne fait rien. D'ailleurs, maintenant que je suis rassurée…

– Tu ne vas pas repartir? demanda la vieille d'une voix altérée. C'est demain dimanche: tu peux bien…

– Mais Jerry?

– Gérard peut bien rester une nuit à la campagne, non? (Elle avait retrouvé son assurance.) Tu vas coucher dans ton ancienne chambre, à côté: rien n'y est changé! Tu feras un lit à ton ami dans le grenier; prends ce qu'il faut dans l'armoire. Et, pour le dîner… Mais d'abord, cesse de ruminer, ma petite fille!

Gérard, tout heureux d'obéir, alla lui aussi cracher sa gomme à mâcher.

Ils dînaient dans la cuisine où tout avait cent ans. Par la porte entrouverte, la vieille dame donnait des conseils en forme d'ordres:

– … Mets donc un peu de lait dans tes œufs battus… A feu doux, l'omelette, surtout!… N'entame pas le nouveau fromage: il lui manque deux jours. C'est drôle que personne ne sache plus acheter les camemberts! ajoutait-elle à mi-voix.

Sylvie retrouvait les gestes de Marie (son vrai prénom, mais dont elle avait honte à Paris), et Gérard la regardait faire avec une sorte de tristesse. Sylvie en tablier bleu devant ces casseroles ou transformant une vieille planche rugueuse en table servie pour deux, c'était Sylvie demain, la femme de quelqu'un, la femme d'un autre. Elle représentait ce petit bonheur que ses copains et lui bafouaient à longueur de samedi soir: la bagnole qu'on achète à crédit, le gosse qui survient avant qu'on ait pu s'équiper, les dimanches où l'on pousse la voiture d'en-

foutre (je fous) *pop* faire

d'une voix altérée avec émotion

le grenier étage supérieur d'une maison, sous le toit

ruminer (wiederkäuen)

entamer qc couper le premier morceau de qc

un tablier vêtement que l'on met quand on fait la cuisine

rugueux, -se (rauh)

bafouer mépriser, tourner en ridicule

une bagnole *pop* voiture

survenir arriver brusquement, mal à propos

s'équiper se munir de tout ce qui est nécessaire (*ici:* pour le ménage)

fant parmi des arbres minables. A d'autres! Toutes ces filles dont la jupe laissait voir les cuisses, qui se charbonnaient les yeux et passaient de main en main, ce n'étaient tout de même pas les mêmes qui, un jour, vous fabriqueraient une omelette ou un enfant! Il ne suffisait pas d'un tablier bleu! Il observait cette Sylvie inconnue et prenait peur: l'impression de vieillir sans avoir vraiment vécu...

– Est-ce que c'est bon, Gérard? demanda la grand-mère, du fond de son lit.

– Drôlement!

– Comment ça, drôlement?

– Je veux dire: très bon.

Il ne trouvait, pour parler à la vieille dame, qu'une voix enrouée qui faisait rire Sylvie. Oui, vachement bon! Autrement bon qu'à la friterie voisine où tout se préparait dans une immense cuve d'huile où rissolaient pêle-mêle les poulets, les saucisses et les pommes de terre. Ils burent du lait dans des bols.

– A quoi penses-tu? demanda Gérard à mi-voix et, sans attendre la réponse: Depuis qu'on est arrivé, tu souris, tu regardes ailleurs; tu ne penses plus du tout à moi!

– Je suis heureuse. Tu n'aimes pas que je sois heureuse?

– Sans moi, pas tellement.

Ils entendirent frapper à la porte, puis une voix: «C'est ma mère qui m'envoie. Vous n'avez besoin de rien pour la nuit?»

– Marie, appela la vieille, viens donc par ici. Tu te rappelles Adrien?

Elle se leva. Son visage était devenu rose, d'un seul coup; elle ne se ressemblait plus. Gérard prit peur. «Sylvie!» appela-t-il en tendant la main vers elle, mais elle avait oublié ce faux prénom. Lui-même se leva et, demeurant dans l'ombre, regarda cet Adrien (le même âge que lui, les cheveux en brosse, un bleu de travail) et Sylvie qui courait à lui.

– Te voilà revenue, Marie? dit le garçon d'une voix changée.

– Juste pour voir grand-mère.

– Et tu te plais toujours à Paris?

– Oui, dit Gérard en s'avançant, je crois qu'elle s'y plaît

charbonner noircir

enroué,e devenu rauque
vachement *fam* très
une cuve grand récipient
rissoler faire cuire, dorer dans l'huile
un bol sorte de grande tasse sans anses

bien. («Pourquoi ai-je dit cela? se demanda-t-il aussitôt. Qu'est-ce que j'en ai à foutre de cet Adrien?»)

– Gérard, un copain qui m'a amenée de Paris, présenta Sylvie. Adrien, un ami d'enfance.

– Ton fiancé, quand tu avais huit ans! fit la vieille dame, mais elle fut la seule à rire.

– Tu ne viens pas souvent, dit Adrien avec un demi-sourire.

– Et toi, Adrien, tu ne viendras donc jamais?

– A Paris? Ah! non, ça jamais!

– Ce n'est pas le bout du monde, fit Gérard.

Il allait ajouter: «On est venu en trente-sept minutes»; mais l'autre le précéda:

– Je sais. Il y a trois cars par jour, dans les deux sens. Pas le bout du monde, bien pire: un autre monde!

le sens direction

«Bon, c'est un plouque», pensa Gérard, mais il aurait aimé être son copain.

un plouque *arg* paysan stupide et maladroit

– On se verra demain peut-être, Marie? fit Adrien en se tournant vers elle. Tous les trois, ajouta-t-il un peu trop précipitamment.

– Ne me l'enlève pas trop! dit la vieille femme à mi-voix. Toi, tu as le temps...

«Qu'est-ce que ça veut dire? se demanda Gérard. Le temps de quoi?» Il se tourna vers Sylvie et la vit immobile.

– Bon. Alors, bonsoir madame, bonsoir Marie. Salut, Gérard!

– Pas Gérard: Jerry, murmura l'autre presque méchamment.

Sylvie, à son tour, le considéra: son blue-jean, ses boots, son blouson, sa coiffure – et il passa dans ce regard un mélange d'étonnement et de pitié que Gérard surprit.

Il sortit une main de sa poche et saisit celle de Sylvie à peu près comme on s'agrippe à une bouée.

s'agripper à se cramponner à
une bouée (de sauvetage) anneau que l'on jette à l'eau pour sauver une personne qui est en train de se noyer

Elle avait été longue à trouver le sommeil; trop d'odeurs d'autrefois, à peine suries, flottaient dans la chambre désertée depuis des mois. Un automne, un hiver étaient passés là durant l'absence de Sylvie et avaient laissé sur les étoffes un liséré d'humidité et, dans l'air, une senteur de cave et de grenier.

suri,e *ici:* changé; transformé

un liséré ruban avec lequel on borde une étoffe

Elle tendait l'oreille vers le bruit de la demeure: l'horloge placide, les jointures de la charpente qui craquaient un peu. Comme toutes les vieilles, la maison avait ses douleurs. Par les volets disjoints, parvenait la rumeur de la nuit vivante.

Sylvie, lovée dans son lit comme dans le ventre de sa mère qu'elle n'avait jamais connue (et dont cette vieille petite dame si fragile, avec son bonnet de morte, avait tenu lieu), Sylvie se laissait couler en souriant au creux de sa jeunesse. Elle se rappela sa première communion (qu'est-ce que ça voulait dire, au juste?) et se mit à pleurer avec un étrange bonheur.

Au-dessus d'elle, Gérard, les yeux ouverts, prête une oreille inquiète à ces craquements, ces abois lointains, ces chants d'oiseau si proches. Il se sent investi de mystères qui lui paraissent d'autant plus étrangers qu'il les pressent familiers à d'autres, à cette petite vieille, à cet Adrien, à Sylvie peut-être.

Que ne donnerait-il pas pour posséder aussi une petite vieille! Il ne la laisserait pas tomber, lui! Si son oncle du Périgord existait vraiment... Mais quoi! oncle ou grand-mère, on le devient soi-même. Il suffit d'entrer dans le jeu, dans ce fameux petit bonheur minable! – Il ne parvient pas à le croire; son mal à lui doit être inguérissable, contagieux: quand on n'a pas eu de famille, comment en fonder une?

Il se force à croire en cette absurde malédiction parce qu'il a envie d'être à plaindre. Tenez, cet Adrien ne lui a pas dit «bonsoir», mais «salut». Restera-t-il, toute sa vie, le type à qui on dit «salut», ce qui ne signifie rien? un copain, toute sa vie?

– Où et comment peut-on reprendre pied? Sylvie possède la réponse; ou plutôt Marie. Quel beau nom! Aucune de ses anciennes amies n'aurait pu le porter. Mais il sait bien que ce n'est plus la même fille qui, sur la route au crépuscule, l'enserrait de ses bras, et qui dort, à présent, sous cette carcasse gémissante où lui-même tente en vain de s'endormir. Et, parce qu'il sent monter en lui un désespoir sans recours, parce que c'est un ennemi trop fort pour lui, il entreprend de le chasser par une petite rage ridicule, un peu comme on tire des

placide paisible, flégmatique
les jointures de la charpente (die Fugen des Gebälks)
un volet (Fensterladen)
disjoint,e qui n'est plus joint
se lover s'enrouler sur soi-même
le creux *ici:* le fond
un aboi *lit* aboiement, le cri du chien
investir entourer, être pris par
pressentir deviner, prévoir
inguérissable qui ne peut pas être guéri
contagieux, -se qui se transmet facilement (p.ex. une maladie)
une malédiction malheur qui s'abat sur qn (Fluch)
une carcasse *ici:* la charpente (Gebälk)
gémir (seufzen)

pétards contre l'orage dans les pays de vignes. Une colère absurde sur sa nuit gâchée, afin d'oublier que sa vie l'est peut-être. Sa nuit du samedi au dimanche, la plus longue de la semaine, la seule que le réveille-matin ne décapite pas, gâchée à cause d'une grand-mère au fond d'un lit, d'une histoire de chaperon rouge, sans blagues?

– Marre, marre, marre!

Il l'a murmuré seulement; depuis qu'il est entré dans cette maison (mais non! depuis qu'il est sorti de Paris), il se sent environné de puissances qu'il craint d'éveiller. A l'orphelinat, la nuit, quand il fallait gagner «les lieux» par des corridors glacés... C'est cette peur-là qu'il retrouve, et cela l'enrage. On va voir!

Il se lève, descend l'escalier dont chaque marche fait exprès de craquer, entre dans la chambre de Sylvie.

– Qui est-ce?... Ah! tu m'as fait peur. Tu ne dors pas?

Qu'elle est belle dans cette lumière si pâle! C'est elle et c'est une autre, et Gérard les désire toutes les deux. La voici, sa nuit retrouvée! Le seul moyen de chasser les fantômes, le voici!

Il s'approche d'elle.

– Mais qu'est-ce que...? Tu es fou! Grand-mère est là...

– Moi aussi, je suis là! proteste Gérard, mais il n'ose pas davantage élever la voix. J'en ai marre, à la fin! Si nous étions à Paris...

– Justement, nous ne sommes pas à Paris.

Cela signifie tant de choses qu'il perd toute son assurance; et le voici qui pose la question la plus inattendue:

– Mais, Sylvie, tu m'aimes?

Cela ne va guère avec le blouson, la moto, ni cette condescendance brutale dont ses copains et lui usent envers les filles et qui finit par faire d'elles de veules petites putains mal parées. Quand l'une d'elles leur demande avec un sourire tremblant: «Mais tu m'aimes?» ils éclatent de rire.

Gérard s'entend poser cette question ridicule, humiliante, comme s'il s'agissait d'un film mal doublé.

– Mais, Sylvie, tu m'aimes?

– Tu ne me l'avais jamais demandé, fait-elle interdite.

Elle-même se l'est-elle vraiment demandé? A Paris, on vit au jour le jour, à la nuit la nuit; l'important est de ne

un pétard (Knallfrosch)
décapiter couper la tête; *ici:* rendre plus court
le chaperon rouge (Rotkäppchen)
les lieux *m* les toilettes
exprès avec intention
la condescendance arrogance
veule sans énergie
une putain *vulg* prostituée
paré,e embelli; vêtu
doubler un film (synchronisieren)
interdit,e très étonné
vivre au jour le jour vivre sans se soucier du lendemain

jamais se poser de questions. A Paris, il ne faut pas réveiller le somnambule: il tomberait de haut. A Nerval...

– Tu ne me réponds pas, fait Gérard en retrouvant sa détestable stature. Tu as tort. Je n'ai pas le temps d'attendre. Demain matin, tâche de savoir ce que tu veux. Sinon...

Sinon quoi? Il aurait été bien incapable de le formuler. Seul son amour-propre parlait ici, et Sylvie le sentit aussitôt.

– Dors bien, lui dit-elle en se tournant vers le mur.

Étrange nuit où les paroles les plus banales s'aiguisaient et blessaient à coup sûr. Gérard sortit furieux, mais satisfait de l'être: la fureur est un sentiment simple.

Comme il savait qu'il ne dormirait pas de sitôt, il ouvrit la porte qui donnait sur le jardin. Le petit matin y montrait déjà son visage de condamné. Les coqs se répondaient, dressaient, d'une voix enrouée, le cadastre villageois. Un chien, tôt levé, l'encolure basse, prospectait en maître les jardins des autres. Gérard et lui s'aperçurent, s'immobilisèrent, se défièrent du regard.

Le garçon frissonnait, et il tentait de se persuader que c'était le froid, par ce matin de grâce, par ce mai le plus tendre. Allons, tout ici était son ennemi: ces animaux qu'il devinait embusqués, retenant leur souffle, ces humains tapis dans leurs maisons basses, ce vide, ce vide et ce silence.

Comme il cherchait quoi que ce fût d'amical dans ce désert, il aperçut l'arrière de sa moto qui dépassait du hangar misérable. Rouge et noir, cuir et métal chromé, un peu ternie par cette saloperie de rosée, mais son éclat brillait aux yeux de Gérard comme, pour le prisonnier, l'entrebâillement lumineux de la porte. Trente-sept minutes! En trente-sept minutes (même pas! car, allégée de Sylvie, elle battrait son record) sa moto le ramènerait à Paris. Il retrouverait la bonne chaleur humaine des copains autour du flipper et sa radio fidèle qui, toute la nuit, aurait diffusé de la musique. A Paris, les arbres sont prisonniers, les chiens tenus en laisse, et le tumulte de la rue oblitère celui des cloches (voici qu'elles sonnaient, à

un(e) somnambule personne qui peut, pendant son sommeil, marcher, parler, etc.
détestable affreux, méchant
la stature *ici:* la personnalité
s'aiguiser devenir tranchant comme un couteau
à coup sûr sûrement, infailliblement
le cadastre (Flurbuch)
l'encolure *f* cou d'un animal
prospecter examiner (un terrain), parcourir
s'immobiliser s'arrêter
se défier se méfier, avoir peu de confiance
frissonner trembler légèrement sous l'effet de la peur
ce matin de grâce ce matin doux et léger
embusqué,e (im Hinterhalt liegend)
se tapir se retirer, se cacher
ternir qc rendre qc terne, lui enlever son éclat
la rosée petites gouttes d'eau que l'on trouve, le matin, sur l'herbe, p.ex.
cette saloperie de rosée (dieser Scheißtau)
l'entrebâillement *m* le fait d'être ouvert très peu
allégé,e rendu moins lourd
une laisse lien dont on se sert pour attacher un chien
oblitérer *ici:* effacer

présent!) qui vous rappellent on ne sait quoi de triste et vous forcent à lever la tête.

Trente-sept minutes! Son «oncle du Périgord» venait de mourir à jamais. Gérard fit rouler la lourde machine hors du jardin. Demain, Sylvie le rejoindrait à Paris par le car, sinon... (Sinon quoi, mon pauvre bonhomme?)

Elle entendit pétarader le moteur, bien que le garçon, par superstition plutôt que par égard, ne l'eût mis en marche que loin de la maison. «C'est une moto», pensa-t-elle; mais elle savait très bien de quelle moto il s'agissait, et son ventre se serra. Elle entendit aussi les cloches; leur son, alternativement grave et joyeux, la rassurait.

pétarader produire une suite de détonations
la superstition (Aberglaube)

Il y eut un gémissement, de l'autre côté de la cloison. Elle courut, le cœur battant, ouvrit la porte. La petite grand-mère dormait paisiblement. Dormait? Oui, le drap se soulevait avec la régularité, la lenteur de l'océan.

un gémissement le fait de gémir

Sylvie courut se recoucher, heureuse d'être seule dans son lit, comme une enfant. «Adrien... Adrien, lui, a gardé son visage d'enfant», songea-t-elle.

Sur la route à peu près déserte, Gérard accélère encore. Le chemin lui paraît bien plus court qu'à l'aller. La machine tourne rond: pour elle, crépuscule du soir ou du matin, c'est pareil; elle n'est pas romantique.

accélérer augmenter la vitesse d'une voiture, d'une moto
tourner rond être bien réglé

Au débouché d'un tournant, Gérard aperçoit le dos d'un autocar et sent, de loin, son souffle puant: le premier Senlis-Paris. Et cela lui remémore Adrien: «Trois cars par jour, ce n'est pas le bout du monde!» Adrien...

au débouché de au bout de
un tournant virage
puer sentir très mauvais
remémorer rappeler

– Marre, marre, marre!

Il accélère, dépasse l'autre en trombe, au sommet d'une côte qui lui cachait la route. «Un accident à 140, a-t-il pensé en un éclair, ce serait aussi une solution!»

dépasser en trombe doubler très vite

Mais Dieu veille. Le premier Paris-Senlis, frère jumeau de l'autre, surgit soudain à un jet de pierre. Il a pris quelques instants de retard, à Luzarches, parce qu'une vieille n'en finissait pas de descendre. Sinon...

les frères jumeaux deux enfants nés le même jour et de la même mère
à un jet de pierre *ici:* tout près
ne pas en finir de mettre beaucoup de temps à

– Tous ces jeunes, quels dingues! murmure le chauffeur dans chacun des deux cars; et leurs passagers, qui n'ont même pas eu le temps d'avoir peur, hochent une tête ensommeillée.

'hocher la tête secouer la tête

Comprendre, analyser, discuter

A Compréhension

1. Décrivez le monde de Gérard et sa vie quotidienne.
2. Quel rôle la radio joue-t-elle dans sa vie?
3. Pourquoi quitte-t-il momentanément la ville?
4. Racontez ce qui se passe, ensuite, dans la maison de la grand-mère de Sylvie.
5. Pourquoi Gérard retourne-t-il à Paris plus tôt que prévu?
6. Quels sentiments éprouve-t-il en rentrant à Paris?

B Analyse

1. Sylvie/Marie: la jeune fille aux deux «profils». Faites son portrait moral.
2. Gérard/Jerry: A-t-il aussi une double personnalité?
3. Faites le portrait moral du jeune homme.
4. Parlez des rapports qu'a Gérard avec
   a) les «plus de quarante ans»,
   b) ses copains,
   c) les filles en général et
   d) Sylvie en particulier.
5. Quelle est l'attitude de Sylvie vis-à-vis de
   a) Gérard,
   b) Adrien,
   c) sa grand-mère?
6. Quel est l'effet produit sur Sylvie par ce voyage à la campagne?
7. En quoi peut-on dire que Gérard ne se sent pas très bien à la campagne?
8. Comparez Adrien et Gérard du point de vue caractère. Quelle est la fonction du personnage d'Adrien dans ce récit?
9. Quels sont les liens qui unissent Gérard et sa moto?
10. «Marre, marre, marre!» telle est la formule magique de Gérard. Dans quelles circonstances l'emploie-t-il? Pourquoi?
11. Pourquoi, bien qu'il trouve cela ridicule et humiliant, dit-il à son amie: «Mais, Sylvie, tu m'aimes?» (p. 17, l. 29)
12. Comment s'expliquent, d'après vous, les problèmes qui tourmentent Gérard?
13. Ce récit repose sur différents contrastes: lesquels? quelle est leur fonction?
14. Quel est, selon vous, le moment décisif de ce récit? Dites pourquoi.
15. Comment interprétez-vous le titre de ce récit?
16. Qui, de Gérard et de Sylvie, trouvez-vous le plus sympathique? Pourquoi?
17. Comment l'auteur présente-t-il la ville d'une part et la campagne d'autre part?

C *Discussion*

1. La «radio-drogue»: Comment se fait-il, d'après vous, que beaucoup de jeunes écoutent la radio du matin au soir?
2. Gérard parle de ce «fameux petit bonheur minable», (p. 16, l. 23). Dites ce qu'il entend par là. Pourquoi le redoute-t-il? (voir aussi Appendice, texte 3)
3. «Un accident à 140, ce serait aussi une solution.» (p. 19, ll. 30.–31). Quel problème Gérard évoque-t-il? Qu'en pensez-vous?
4. Imaginez la suite de l'histoire. (Examinez toutes les éventualités.)

L'ENFANT DE L'AUTOROUTE

Ce petit garçon s'appelait Hervé, ce qui était un prénom très au-dessus de sa condition; mais sa mère s'était autrefois passionnée pour un Hervé dans l'un de ces romans que lisent les femmes pauvres et qui ne parlent que d'hommes riches.

Voici quel était le monde d'Hervé: les rues grises de Fermigny dans la banlieue de Paris, l'école de Fermigny, la fumée grise des usines de Fermigny où son frère et sa sœur travaillaient déjà, comme papa et maman. C'était le monde d'Hervé, et il s'y trouvait très heureux: aussi heureux qu'un borgne qui vivrait au milieu d'autres borgnes.

Il y avait la radio à la maison. On y entendait («Mais tais-toi donc, Hervé!») des voix qui savaient tout ce qui se passait dans le monde, des bonnes femmes qui chantaient, et ces bonshommes qui font rire les grandes personnes avec des phrases qu'on ne comprend pas. «Pourquoi tu ris, Hervé?»

C'était cela la vie: un jour et puis le suivant, tout semblable; la radio, le travail à l'école jusqu'à devenir grand, et alors le travail à l'usine. On y perdait le mercredi de congé, voilà tout.

Il y avait Fermigny; et puis un poteau portant un autre nom (et l'avenue Gabriel-Péri devenait boulevard Henri-Barbusse) mais les mêmes rues, les mêmes usines, la même radio. Fermigny, ceinturé à perte de vue par d'autres Fermigny. Les étoiles du ciel, on leur donne aussi des noms différents – à quoi bon? L'univers d'Hervé était une grappe grise de Fermigny avec, au loin, paraît-il, Paris. Une lueur rouge dans le ciel ténébreux, cet incendie jamais éteint: Paris.

Jusqu'au jour où vinrent les machines...

Comme la mer au seuil de ses grottes, elles grondèrent longtemps au loin avant de s'engouffrer dans Fermigny. On les entendait ronfler, haleter et aussi se voler l'une à l'autre le haut du tumulte, pareilles à des femmes qui se

la condition *ici:* classe sociale

Je lui trouve beaucoup de qualités
un jugement personnel.

borgne celui qui ne voit que d'un œil
une bonne femme *fam* une femme
un bonhomme *fam* un homme
le mercredi de congé en France, la plupart des élèves n'ont pas classe le mercredi
Gabriel Péri journaliste, homme politique, député communiste, fusillé par les Nazis en 1941
Henri Barbusse écrivain français (1874–1935), pacifiste
ceinturé,e de entouré de
à perte de vue aussi loin que l'on peut voir, jusqu'à l'horizon
une grappe (Traube)
la lueur lumière faible
ténébreux, -se très sombre
un incendie grand feu qui cause des destructions
le seuil [sœj] pas de la porte (Schwelle)
gronder produire un bruit sourd et menaçant (comme le tonnerre, p.ex.)
s'engouffrer entrer rapidement dans une ouverture
ronfler respirer bruyamment pendant le sommeil
'haleter respirer très vite et avec difficulté

disputent. Il y avait des instants de silence absolu comme au cours des bombardements; on espérait, on s'entendait vivre; et puis de nouveau...

– Tu parles d'un boucan, disait quelqu'un autour de la table.

– C'est l'autoroute, expliquait le père. Tu n'as qu'à mettre la radio plus fort.

Tout l'immeuble mettait la radio plus fort.

– Qu'est-ce que c'est, l'autoroute? demandait Hervé au milieu du vacarme des bulldozers et des pelles géantes et des cha-cha-chas, de Gilbert Bécaud.

– L'autoroute *du Sud*, précisait le frère aîné comme si ce fût une explication suffisante.

«Une route qu'on apportait sur des autos et qu'on dépliait à mesure? Ou bien une route qui marche et vous porte comme une auto?...»

Les machines ne s'arrêtaient, d'un seul coup, qu'après qu'Hervé se fut endormi, et elles se réveillaient avant lui; si bien qu'il était persuadé qu'elles grondaient sans cesse: qu'elles gagnaient, chaque nuit, du terrain et du temps sur les dormeurs de la rue Victor-Hugo, de l'impasse Gambetta, et de la place Karl-Marx. Et, en effet, de matin en matin, elles paraissaient plus furieuses, plus proches et, un après-midi, elles débouchèrent dans Fermigny.

A la sortie de l'école, tel un vol d'oies sauvages, tous les enfants, Hervé en tête, filèrent vers le monument aux morts d'on ne savait plus quand, et là ils virent. Ils virent un fleuve de sable jaune qui étalait paresseusement son lit entre deux falaises de maisons éventrées, de hangars guillotinés, ou le long des terrains vagues. Des engins rouges et verts renversaient aveuglément des pans de mur ou les arbres mal éveillés, avalaient les pierres, vomissaient du sable. Ils piétinaient, brandissaient leurs gros poings, tremblaient d'impatience, s'affairaient, s'évitaient de justesse telles des fourmis. Hervé les regarda longtemps, fasciné comme on l'est par la flamme, même lorsqu'elle dévore votre maison. Puis il s'en retourna, les poings au fond des poches, entouré d'une nuée de garçons qui imitaient les machines, lançaient leurs bras dans tous les sens, traînaient leurs semelles – tch! tch! tch!... Hervé, songeur, considérait d'un autre

le boucan *fam* grand bruit

le vacarme grand bruit
une pelle (Schaufel)
géant,e gigantesque, très grand
Gilbert Bécaud compositeur et chanteur français
déplier *contr.de* plier
à mesure peu à peu
Victor Hugo écrivain français (1802–1885), chef du mouvement romantique
une impasse petite rue sans issue (Sackgasse)
Gambetta homme politique français (1838–1882)
déboucher *ici:* entrer
tel, telle *ici:* comme
une oie (Gans)
filer vers *fam* courir vers
une falaise des rochers qui descendent presque à la verticale dans la mer
éventrer ouvrir le ventre
un terrain vague terrain qui n'est ni bâti ni cultivé
un engin outil, appareil, machine
un pan de mur partie d'un mur
avaler manger rapidement
vomir rejeter par la bouche ce qu'on a mangé
piétiner remuer les pieds sur place
brandir le poing lever le poing de façon menaçante
s'affairer montrer une grande activité
de justesse de peu
dévorer avaler
une nuée *ici:* multitude, grand nombre
une semelle partie inférieure de la chaussure

œil ces trottoirs fragiles, ces demeures condamnées. Et les gens qui habitaient à la place du sable, leurs enfants, leurs chiens, leurs chats, qu'étaient-ils devenus? Remontés vers Paris par ce chemin tout neuf? Ou suivaient-ils à pied les machines, sac au dos, comme les soldats?

Le fleuve passa au large de la maison d'Hervé et le tumulte décrut. – «Baisse donc la radio!» Fermigny-rive-gauche et Fermigny-rive-droite n'eurent même pas à panser leurs blessures: on planta des arbres neufs devant les entrailles des demeures martyres, on déroula sur les rives étonnées un gazon plus vert que, de mémoire de Fermigny, ne l'avait jamais été celui d'aucun square. Déjà, on dressait sur les berges du fleuve jaune des luminaires d'exposition universelle auprès desquels les lampadaires *futuristes* de la place Staline («Père des Peuples, 1879–1953») faisaient figure de provinciaux. La longue plaie qui divisait Fermigny cicatrisa méthodiquement: le sable devint ciment, goudron, asphalte – une route vierge. Le soir, on entendait parfois, malgré Dalida et la télé des voisins, malgré le violon d'Odette et les quintes de toux de pépère 14–18 – malgré la symphonie sordide des H. L. M. – on entendait parfois un grondement lointain.

– Tiens, disait quelqu'un autour de la table, le vent vient du midi. («Le midi», c'était ces régions aveuglantes dont on voyait l'image sur les affiches du métro: un pays qu'on ne pouvait représenter qu'en couleurs, où l'on devait se promener avec des lunettes noires, où le soleil demeurait immobile.)

Puis on n'entendit plus jamais les machines; et je crois bien que, hormis Hervé, tout Fermigny oublia l'autoroute du Sud. je présente mes suggestions critiques, réflexions personnelles

Le mercredi, Hervé se levait tard, tournait en maître dans les trois pièces-cuisine, tripotait enfin la radio et mangeait à midi un repas froid que maman avait préparé la veille. Ce mercredi-là, dès que les siens eurent claqué la porte (et, dans la cour, son grand frère jurait encore contre son vélomoteur inerte) Hervé, qui s'était couché tout

fragile qui se casse facilement
au large de assez loin de
décroître diminuer
F.-rive-gauche allusion ironique à Paris-rive-gauche; *ici:* les deux parties de F. après la construction de la nouvelle route
panser (verbinden)
les entrailles *f* *ici:* l'intérieur
un gazon herbe courte (Rasen)
un square [skwar] petit jardin public
une berge rive, bord
un luminaire, un lampadaire appareil d'éclairage électrique dans les rues
futuriste ultramoderne
faire figure de avoir l'aspect de
une plaie blessure
cicatriser (vernarben)
le goudron (Teer)
vierge pur, intact; *ici:* qui n'a jamais servi
Dalida chanteuse populaire
une quinte de toux accès (Anfall) de toux violent et prolongé
pépère *fam* grand-père
pépère 14–18 vieil homme qui a fait la guerre 1914–1918
sordide misérable, sale
un H.L.M. Habitation à Loyer Modéré; grand immeuble où habitent les gens qui ne gagnent pas beaucoup d'argent

hormis excepté, sauf

en maître comme s'il était le maître
tripoter toucher sans précaution

inerte qui ne donne pas de signe de vie; *ici*: qui ne marche pas

habillé, se chaussa, descendit, traversa Fermigny jusqu'à l'autoroute. C'était un jeu de ne pas se faire remarquer, d'éviter à temps les silhouettes connues, de feindre de lambiner alors que son cœur battait d'impatience. Il escalada une grille, traversa une haie et se trouva sur la route neuve. Là, tournant le dos à Paris, il se mit à courir comme un homme poursuivi. Pourtant, excepté les lampadaires étrangers, personne ne le suivait du regard. A sa gauche, à sa droite, c'était le même désordre de maisons et d'usines désaffectées, un paradis de rouille et de salpêtre que les hommes de l'autoroute avaient éventré: les joueurs avaient quitté la partie, abandonnant les dés épars.

Lorsque, à bout de souffle, le petit garçon se mit au pas, Fermigny était loin mais il l'ignorait. Habitué aux chemins qui tournent, aux rues qu'on traverse, il ignorait que l'autoroute, d'un coup de lance, vous portait loin de Paris et de ses parents pauvres. Il traînait une ombre de plus en plus courte car le soleil, frère aîné des lampadaires gigantesques, atteignait presque son zénith. Hervé s'aperçut que les maisons s'espaçaient; il se demanda ce qui pouvait bien les remplacer, car il n'avait jamais connu que des alignements de maisons. Les lampadaires disparurent les premiers, puis les haies, enfin les grillages eux-mêmes. Hervé put alors contempler les abords de la route et son premier geste fut de se tapir contre le sol. Un spectacle aussi surprenant ne pouvait qu'être interdit: des squares, des squares, des squares, à perte de vue; avec des carrés de hautes herbes couleur de miel et d'or, des alignements de... – ne dirait-on pas des salades! Et des petites forêts, pas plus hautes que lui. (C'étaient seulement des champs, des prés, des taillis – mais comment l'aurait-il su, l'enfant des villes?)

Il demeurait là, enchanté, un peu anxieux, lorsque le vent lui porta le grondement oublié depuis des mois. Les machines n'étaient pas loin... Elles ne devaient plus guère rencontrer de résistance, à présent! Les machines éventrant ces jardins sans défense: dévorant la mie après avoir mangé la croûte! Hervé serra les poings et décida de rebrousser chemin. Mais non, il irait jusqu'au bout de cette route: il avait trop rêvé, trop attendu. Il repartit. Le

feindre de faire qc faire semblant de faire qc
lambiner agir très lentement, flâner
escalader passer par-dessus une grille, p.ex.
une grille (Gitter)
une 'haie (Hecke)

désaffecté, e qui n'est plus en activité, fermé
la rouille [ruj] matière dont se couvrent les objets en fer quand ils sont exposés à l'humidité
un dé (Würfel)
épars,e dispersé

ses parents pauvres *ici:* la banlieue

s'espacer devenir de plus en plus rare

un alignement le fait d'être rangé en ligne droite

les abords de *m* les environs immédiats de
se tapir se cacher en se faisant aussi petit que possible
le miel (Honig)

un taillis ensemble de petits arbres

la mie l'intérieur du pain
la croûte partie dure extérieure du pain
rebrousser chemin retourner en arrière, revenir sur ses pas

grondement croissant le mettait mal à l'aise et voici pourquoi: depuis des kilomètres il allait *en silence.* Il s'en avisait trop tard; ainsi en est-il de tout bonheur. Le bruit, les machines, la radio, cela faisait partie d'une autre planète. Depuis combien de temps en était-il sorti? Et comment le savoir puisqu'il avait changé de temps? Quant à .., elle a changé, elle aussi;

La route devint goudron, ciment, puis sable jaune, fleuve insolite, couleur des blés qu'il traversait. D'autres chemins serpentaient alentour, reliant entre eux les hameaux; mais l'autoroute fonçait tout droit, économisant à coups de milliards des lieues et des lieues pour porter plus vite un petit enfant gris vers la merveille dont il rêvait. Mis(e/s) à part Dann abgesehen

Il reconnut très bien les machines rouges et vertes, toujours aussi brûlantes et nerveuses. Ici leur vacarme résonnait moins fort mais plus longtemps; elles faisaient penser à un homme qui se met en colère dans une maison vide. Hervé s'écarta du chantier, observa d'un œil badaud les conducteurs d'engins, leurs mains épaisses, leur regard fixe, puis il poursuivit son chemin sur la terre ferme. Tandis que les machines toussaient dans son dos, de plus en plus faiblement, il respirait avec surprise cet air qui ne sentait ni la poubelle, ni les cabinets, ni «les gens».

Le chant d'un oiseau si proche le fit sursauter. A Fermigny les oiseaux étaient des étrangers; ici c'était lui. Tout ce qu'il avait lu dans son livre de sciences naturelles (et dont il pensait que cela n'existait qu'ailleurs ou autrefois, comme ce qu'on apprenait en histoire et en géographie): un épi de blé, un nid, un terrier ... Regardez! regardez! Mais il n'y avait personne pour partager son émerveillement et il en était à la fois heureux et déçu. Et tout à coup il s'entendit chanter ... Pas les rengaines de la radio! une musique à lui qui tenait, à son insu, de Mozart et de l'oiseau. Cette terre vivante sous ses pieds était le contraire même d'un trottoir; il évitait de marcher sur les fleurs; les herbes se relevaient lentement après son passage et il y apercevait des petits insectes sans défiance. Le voici à plat ventre sur le sol tiède, observant craintivement les jarrets d'une sauterelle qui ... – mais

croissant,e qui devient plus grand ou plus fort
insolite inhabituel, étrange
serpenter pour un chemin: avoir beaucoup de virages
alentour *lit* tout autour
un 'hameau petit groupe de maisons qui n'a pas l'importance d'un village
à coups de à l'aide de, au moyen de
une lieue ancienne mesure de distance, environ 4 km (Meile)
résonner se faire entendre
un chantier bâtiment ou route en construction
badaud,e curieux
sursauter (aufschrecken)
un épi (Ähre)
un nid (Nest)
un terrier abri que les animaux creusent dans la terre
l'émerveillement *m* admiration
une rengaine *fam* chanson à la mode que l'on répète sans cesse
tenir de ressembler à
à son insu sans qu'il le sache
la défiance la méfiance
tiède ni chaud ni froid
le jarret (Kniekehle)
une sauterelle (Heuschrecke)

où est-elle passée? – puis une caravane de fourmis. Le soleil lui cuit le dos. Quelle heure peut-il être? – Midi, bien sûr! midi à jamais: l'autoroute du Sud...

Il suivait un chemin très creux, très ombragé, invisiblement habité, lorsqu'il aperçut, derrière des barrières blanches, l'être merveilleux. Page 37 de son manuel de leçons de choses! Il l'aimait depuis des mois, l'avait colorié en tirant la langue, lui parlait à voix basse en pleine classe. C'est pourquoi il la reconnut aussitôt, bien qu'il n'en eût jamais vu auparavant: une vache...

Elle était couchée, mais si majestueusement qu'elle paraissait assise. Elle tourna vers lui un regard débonnaire, s'arrêta de mâcher un très court instant puis reprit sa rumination avec une fausse indifférence. Hervé se glissa entre les barrières et s'approcha de l'animal, les mains tendues, en lui parlant. L'autre n'eut pas peur de ce petit d'homme puisque lui-même ne la craignait pas. Il s'agenouilla donc, à portée de cornes, à portée aussi de ce souffle paisible et chaud dont il caressa la double source, ce mufle humide, soyeux. Là où il posait sa petite main sale, elle passait patiemment sa langue. Il se mit à lui parler tout haut: à raconter ce que personne n'écoutait à Fermigny parce que, au fond, personne ne pouvait s'y faire entendre, hormis les gens de la radio. Dans cette vaste oreille touffue (qui, par instants, chassait les mouches mais non son discours) il déposa tout ce qui lui passait par le cœur, faisant demandes et réponses, se plaignant un peu, se vantant un peu. La bête s'en lassa avant le garçon et se releva pesamment, soudain deux fois plus haute que lui. Il faillit avoir peur et, pour se persuader du contraire, éclata de rire, larmes aux yeux. L'autre le considéra avec un tel étonnement qu'elle en oubliait de ruminer. Hervé tendit ses deux mains; elle abaissa le chef et, de nouveau, le petit garçon lui caressa le mufle en signe d'alliance. Elle-même le renifla posément (son haleine chaude, inépuisable...) et il passa dans ses vastes yeux une sorte de rire. Elle avança de trois pas, Hervé aussi, bien droit, pareil à l'enfant qui promène un chien beaucoup plus grand que lui. Tandis qu'elle arrachait du sol de franches broutées d'herbe, il se tenait à

un manuel livre scolaire
auparavant avant
débonnaire doux, pacifique
la rumination du verbe *ruminer:* mâcher de nouveau les aliments ramenés de l'estomac à la bouche
à portée de tout près
paisible calme, pacifique
un mufle extrémité du museau (Schnauze) de certains animaux
soyeux, – se qui ressemble à la soie (seidig)
touffu,e (buschig)
se vanter exagérer ses mérites
se lasser de qc se fatiguer de qc, en avoir assez
pesamment lourdement, sans grâce
faillir faire qc être sur le point de faire qc sans qu'on le fasse vraiment
le chef *lit* la tête
renifler qn (jdn beschnuppern)
posément calmement
inépuisable qui n'en finit pas
brouter manger l'herbe dans un champ
une franche broutée d'herbe (ein ordentliches Maulvoll Gras)

hauteur de la bête, la main sur cette épaule puissante et il parlait, il parlait...

L'air fraîchit; des meuglements s'élevaient ici et là; on entendit très loin le crépitement léger des machines. Hervé sentit qu'il devait repartir et, presque aussitôt, la bête le regarda, cessant de manger. Il se haussa sur la pointe des pieds, déposa un baiser entre les deux cornes et s'en courut vers l'autoroute, vers Fermigny-l'école, Fermigny-la radio, où personne ne s'était aperçu de sa désertion. Un poisson de moins dans le vivier...

le meuglement cri de la vache
le crépitement succession de bruits secs (d'un moteur, d'un fusil, p.ex.)
un vivier bassin d'eau pour la conservation ou l'élevage des poissons

Durant le dîner, une petite voix s'éleva:
– La campagne, dites, tout le monde a le droit d'y aller?
– Oui, dit le père, mais il faut pouvoir... («Les gosses, on se demande où ils vont chercher leurs idées!»)
– L'autoroute, reprit Hervé d'une voix tremblante, est-ce qu'elle conduit à la campagne?
– C'est pas la question, dit le frère aîné: elle ira beaucoup plus loin, vers d'autres villes.

L'enfant baissa le nez pour dissimuler sa joie. Ainsi, l'autoroute se moquait des champs, de la vache: personne ne lui volerait sa trouvaille. Il renifla, à la dérobée, ses mains qu'il s'était bien gardé de laver; elles sentaient le poil roux. Il y avait encore des brins d'herbe au creux de sa poche et tout son corps le chatouillait: des petits insectes attrapés là-bas et qu'il allait retrouver en se déshabillant...
– Tu te couches déjà? c'est pourtant le soir à Zappy Max!

une trouvaille découverte heureuse
à la dérobée en cachette
un poil (Haar)
roux,–sse (rothaarig)
un brin d'herbe (Grashalm)
chatouiller faire rire qn en le touchant sous le bras, p.ex.
Zappy Max animateur de jeux radiophoniques

Lorsque sa mère, après avoir lavé la vaisselle, recousu, repassé, préparé les casse-croûte – lorsque sa mère épuisée, taciturne, héroïque, vint l'embrasser dans son lit – «Quelle drôle d'odeur!» – il feignit de dormir déjà. Il avait peur de ses questions: «Qu'est-ce que tu as fait de toute ta journée, mon petit bonhomme?» Peur d'avouer, peur et envie de tout avouer; peur et envie qu'elle devine...

repasser (bügeln)
un casse-croûte repas froid, un sandwich
épuisé,e très fatigué, à bout de force
taciturne qui parle peu

Il retourna chaque semaine dans son vert paradis. D'un mercredi à l'autre, le sable se cimentait, le ciment se goudronnait; on dressait des lampadaires, plantait deux cents mètres de haies, prolongeait la clôture. Hervé dépassait les machines et, d'abeille en papillon, retrouvait son chemin creux, les barrières et la vache qui paraissait l'attendre et lui dédiait un bref mugissement de reproche et de joie. Il sortait de ses poches ce qu'il avait prélevé pour elle: les premières semaines, de la viande et des gâteaux; puis du sucre, une pomme (qui gonflait sa culotte depuis ce matin). Mais c'était bien décevant de la voir flairer l'aliment insolite puis détourner sa grosse tête. Au fond elle n'aimait que l'herbe. Alors Hervé partait en arracher des grosses touffes dans les prés voisins, afin de la distraire. Pensez-vous! elle préférait la sienne. «Tu vis, tu marches sur ta nourriture, lui dit-il un jour: comme si nous couchions sur un immense plat de nouilles!» (Il raffolait des nouilles.) Cette pensée l'enchantait. Il osa monter sur le dos de la bête, mais elle refusa de courir. Tant pis, il était un roi fainéant, une statue de général, un chasseur de tigres en palanquin sur son éléphant royal. Il était ... – il était un petit garçon que, d'une secousse amicale, une vache venait de faire tomber à terre parce qu'on aime bien manger tranquille, même quand on n'a que cela à faire!

Il touchait avec respect ce pis désarmé un peu indécent. Il s'exerça à traire (suivant les indications bien sommaires du livre d'histoire naturelle) et reçut d'abord en pleine figure des jets aigus et tièdes. Mais bientôt, il sut viser le fond de sa gorge sans avaler de travers, et c'était délicieux. Elle tournait noblement la tête pour le regarder faire. Cette grosse bête puissante et calme lui paraissait – il n'aurait su dire pourquoi – le contraire même de Fermigny, ses vélos, ses sirènes, ses bistrots, ses maigres habitants dont les regards hargneux croisaient le fer au-dessus des enfants. A Fermigny – Hervé le comprenait maintenant – il avait toujours peur: peur des maîtres, des agents, de la sortie d'usine, de l'entrée de la caserne. C'était les grandes personnes qui avaient tout inventé à Fermigny; on y trouvait partout leur sale odeur. Tandis qu'ici ...

– Oh! je t'aime, je t'aime ...

Il se jetait au cou de la grosse bête étonnée. Mais c'était le silence, les saisons, la Création – allons! n'était-ce pas

une clôture ce qui ferme, entoure un terrain (mur, haie, grillage, etc.)
une abeille insecte qui produit du miel
un papillon (Schmetterling)
dédier offrir, accorder
le mugissement cri de la vache
prélever qc prendre une partie de
décevant,e (enttäuschend)
flairer renifler
un aliment tout ce qui se mange
des nouilles *f* (Nudeln)
raffoler de qc aimer beaucoup
un fainéant qui ne veut rien faire, qui est très paresseux
un palanquin sorte de chaise portée à dos d'éléphant
une secousse mouvement brusque
un pis mamelle de la vache (Euter)
désarmé,e *ici:* laissé sans défense
indécent,e obscène, choquant
traire tirer le lait des mamelles d'une vache
sommaire peu détaillé
un jet mouvement d'un liquide qui sort brusquement
aigu,ë *ici:* violent, vif
viser qc (auf etw. zielen)
avaler de travers *fam* (sich verschlucken)
'hargneux,-se méchant, agressif
croiser le fer se battre (à l'épée)

Dieu qu'il embrassait passionnément sur ce mufle humide et frais?

De l'autoroute au champ secret, le chemin devenait de plus en plus court. Il s'en avisa un mardi, au moment de s'endormir, et ne s'endormit pas. Ce que cela signifiait, il le comprit le lendemain: l'autoroute fonçait droit sur le chemin creux, les barrières et la ferme. Déjà, on entendait distinctement, continuellement, les machines. Le père 14–18, qui habitait dans le même H. L. M., lui avait raconté, entre deux quintes de toux, qu'au fond des abris, on entendait sourdement les sapeurs ennemis s'approcher. La même chose ici, la même angoisse... Hervé grimpa sur une barrière et vit s'élever, non loin, un nuage de poussière torride: le chantier... «Ils sont fous, pensa-t-il naïvement: pourquoi démolir cette ferme alors qu'ils peuvent passer à côté. Mais le fermier se défendra! (A coups de fourche, Hervé, avec toutes ses bêtes rangées en bataille?) – Mais non, poursuivait-il amèrement, ce sont les autres routes qui tournent, montent et descendent parce qu'elles ont la gentillesse de passer au seuil des maisons...» Et il détesta l'autoroute; et détesta son grand frère qui admirait l'autoroute. Il revit Fermigny et ses maisons éventrées. Avait-on dévié d'un seul centimètre pour épargner la Maison de Retraite? Les mansardes des vieilles dames étalaient leurs tristes secrets; on s'en détournait, honteux, indiscrets. Mais à Fermigny, c'était maison sur maison: il avait bien fallu trancher dans le tas! Tandis qu'ici... et ceci, en dépit de / und die Strafe

La vache s'était allongée majestueusement; il se blottit contre elle, logea sa tête sur son épaule et pleura. Le monument se détourna lentement, renifla cette tignasse, ces joues salées.

– Ma pauvre vieille, ma pauvre vieille, sanglotait Hervé. Ma pau...

Un instant il perdit le souffle sous la caresse puissante d'une langue qui sentait l'herbe mâchée.

Il ne la quitta pas une minute ce mercredi-là, malgré les papillons, les noisettes et même un écureuil qu'il prit pour un lapin. Lui qui ne vivait que d'avenir («Mercredi prochain... Les grandes vacances... Quand je serai

s'aviser de qc se rendre compte de qc
sourdement avec un bruit peu sonore, indistinct
un sapeur soldat de l'armée du génie (Pionier)
grimper monter sur
torride très chaud
une fourche (Heugabel)
dévier s'écarter de la direction prévue
épargner (verschonen)
Maison de Retraite maison où vivent les vieillards
trancher couper
se blottir contre (sich anschmiegen)
la tignasse *fam* cheveux mal peignés
une noisette (Haselnuß)
un écureuil [ekyrœj] (Eichhörnchen)

grand…»), découvrit douloureusement le présent et vécut sans joie chaque instant de ce bonheur condamné. Il demeura plus tard que jamais et, quand les ombres le chassèrent, il partit à reculons:

– Au revoir, à mercredi! A mercredi prochain, répétait-il, mais sur le ton de quelqu'un qui interroge.

Et soudain il revint sur ses pas. Pourquoi tricher? Pourquoi prononcer des paroles en lesquelles il ne croyait pas? Il n'y aurait pas de mercredi prochain: d'ici là, l'autoroute aurait poursuivi droit devant elle, comme un avion, comme un aveugle. Défoncé la ferme et dispersé ses habitants – et c'était une pensée insupportable. «Non!» dit-il tout haut et cela l'encouragea comme si un autre avait parlé.

Le collier de cuir et la corde avec lesquels on ramenait chaque soir la bête à l'étable étaient pendus à la barrière; il en ceignit le cou énorme; l'autre se laissait faire, étonnée.

– Viens, dit-il résolument, on s'en va.

Elle n'opposa aucune résistance et quitta son pré en arrachant encore deux bouchées d'herbe par gourmandise. Ils contournèrent le chantier et, lorsque le tumulte fut loin dans leur dos, s'engagèrent sur l'autoroute. Le pas de la vache y résonnait bizarrement. Hervé ne se demanda pas un instant à qui appartenait l'animal. «A celui qui l'aime le plus!» Le mot «vol» l'eût fait tomber de haut. N'eût été la lenteur de sa compagne – Allons, dépêche-toi: il faut arriver avant la nuit! – il se fût senti parfaitement heureux. Cela dura deux kilomètres; et puis il se passa sur l'autoroute du Sud, un accident tragique, le premier: *Hervé devint une grande personne…*

Il ne faudrait pas s'imaginer que c'est affaire de taille, de duvet ou de voix qui mue, que de devenir grande personne! s'imaginer que cela n'advient qu'à tel âge, et de soi-même, et que l'on n'y peut rien! Il n'avait ni la taille ni l'âge requis, le petit Hervé; et cependant, ce mercredi-là au crépuscule, il se mit à calculer, à regretter, à se trouver de bonnes raisons pour ne pas agir selon son cœur, et c'était la première fois. «Qu'est-ce que je vais dire à mes parents?… Qu'est-ce que je ferai d'elle à

à reculons en allant en arrière
tricher ne pas respecter les règles d'un jeu, tromper
défoncer briser, détruire
disperser répandre, envoyer çà et là
un collier bande de cuir qu'on met autour du cou de certains animaux pour pouvoir les attacher
une étable bâtiment où l'on loge les animaux domestiques
ceindre qc mettre autour de qc
par gourmandise parce qu'on aime manger
contourner passer autour
s'engager entrer
une compagne féminin de compagnon
n'eût été la lenteur de sa compagne si sa compagne n'avait pas été si lente
le duvet poils doux et fins sur le visage des jeunes gens (Flaum)
la voix mue la voix devient plus grave au moment de la puberté
requis,e nécessaire
le crépuscule temps entre le coucher du soleil et la tombée de la nuit

Fermigny? ... Au fond, j'aurais mieux fait ...» Il oubliait seulement que, sans ce geste fou, il ne reverrait jamais, jamais plus cet être qu'il aimait. Il laissait la raison dominer sur l'amour; oui, il était vraiment devenu une grande personne. On peut (le/la/les) résumer ainsi,

Fatiguée par cette route si dure à ses sabots, inquiète de ne plus sentir aucune de ses odeurs familières à l'heure obscure et fraîche, la bête se faisait lente et lourde.

un sabot *ici:* corne du pied d'une vache, d'un cheval, etc.

– Allons, fit impatiemment le garçon, dépêche-toi au moins! C'est pour toi, pour ton bien, tu devrais le comprendre ... (un langage de parents!) Après tout si tu ne veux pas venir, je ne te force pas!

Elle gémit doucement; un cri qui devait signifier: «J'ai confiance en toi, mais quelle drôle de voix tu viens de prendre ...» Un peu honteux, il repartit. Il se donna vingt, quinze, trois pas avant de s'arrêter de nouveau:

gémir produire un bruit semblable à une plainte

– Tu n'avances pas? Tu regrettes la ferme? ... Bon, bon, je t'y ramène!

Et, cette fois, il l'entraîna en courant; il essayait de calculer l'heure et préparait déjà ses mensonges. Il l'abandonna dans le chemin creux: «Allons, à mercredi!» et repartit, soulagé mais furieux, tel un voleur qui n'a pu échapper aux poursuites qu'en abandonnant son butin.

soulagé,e (erleichtert)
le butin ce que le voleur a pris

Quand il parvint dans ce chemin creux, le mercredi suivant, il se sentit d'abord inondé de joie: les machines ne l'avaient pas entamé. «Il est encore temps, se dit-il. Chic!» – Il s'arrêta, y regarda mieux et ressentit l'angoisse même de celui qui visite un musée de cires. Lui aussi se retournait brusquement, cœur battant. Non, rien n'avait bougé, hélas! Rien ne bougeait: immobiles, statues d'eux-mêmes, chaque arbuste, chaque haie, chaque branche attendaient... La réponse doit être nuancée

inondé,e de joie rempli d'une grande joie
entamer qc *ici:* couper
la cire (Wachs)
un musée de cires (Wachsfigurenkabinett)
un arbuste (Busch)

Derrière lui, les machines pétaradaient, paradaient, toutes proches; on entendait même les appels de leurs conducteurs. Vite! Hervé essaya de courir, mais sur deux jambes veules qui le trahissaient. Alors il marcha d'un pas d'homme en parlant tout haut afin de se persuader:

pétarader produire une suite de détonations
veule sans énergie, faible
trahir qn ne pas être fidèle à qn

– Cette fois, «pas de problème» (c'était une expression de son grand frère), je l'emmène... Cette fois, mon vieux...

Tous les soirs de cette semaine, il avait pleuré dans son lit; pleuré sous les draps et sans se moucher afin de ne pas alerter ce frère qui dormait dans la même pièce. De regret? de remords? Il ne faisait pas encore la part de l'un et de l'autre: c'était un chagrin un peu au-dessus de ses forces.

– Cette fois, mon vieux...

Le pré était vide, la barrière ouverte. Il voulut appeler – mais quel nom? Il fit «hou-hou!». A la façon dont sa voix résonnait, il était évident que personne ne l'entendait.

Il marcha jusqu'à la ferme, pour la première fois. Déserte. Plus un seul rideau aux fenêtres battantes; les vantaux de la grange grands ouverts sur rien: quelques poignées de foin, quelques fétus de paille. Le fumier même avait été évacué. Et cette croisée qui battait à l'étage, pareille au petit signe de paupière de l'agonisant. Hervé demeura longtemps hébété dans cette cour où se lisaient encore le piétinement des bêtes, l'affairement des charrois; et, d'un seul coup comme un orage d'août, son chagrin éclata. Il se tourna, de honte, contre le mur et, la tête appuyée au montant de la porte, pleura amèrement. Le naïf usage des larmes est qu'elles vous *lavent* toujours de quelque chose. Hervé les laissait couler avec soulagement: il payait.

Quand il fut bien vide et un peu réconcilié avec lui-même, il gagna lentement l'étable et y pénétra avec une crainte respectueuse. Son amie avait dû la quitter depuis peu car son parfum y régnait toujours. Hervé se coucha dans la paille encore vivante; il s'y lova comme un tout-petit et mit son pouce dans sa bouche, un instant. Ce qu'il cherchait ici c'était la tiède protection de son enfance perdue, cette irresponsabilité totale: les temps où tout passait au-dessus de lui, à hauteur d'homme. Mais, même enfoui dans cette bonne litière, le vacarme des machines lui parvenait. Elles triomphaient; elles approchaient. Il boucha ses deux oreilles. Inutile! les murs, le sol battu en trépidaient. Ce soir elles écartèleraient le chemin creux, abattraient les barrières, piétineraient l'herbe vivante et ses insectes affairés; ce soir elles écraseraient la ferme et ses odeurs.

«Et moi avec elles!» décida l'enfant de la ville. Il avait

se moucher nettoyer son nez à l'aide d'un mouchoir
alerter avertir (en cas de danger); *ici:* réveiller
le remords vive douleur morale causée par le sentiment d'avoir mal agi
il ne faisait pas la part de... il ne savait pas faire la distinction entre ces deux sentiments

un vantail battant de porte, de fenêtre
une grange bâtiment où l'on met la récolte, la paille, le foin
une poignée quantité de choses que peut contenir la main fermée
un fétu brin
un fumier (Misthaufen)
une croisée fenêtre
une paupière (Augenlid)
un agonisant personne qui est en train de mourir
hébété,e très étonné
l'affairement *m* l'activité
le charroi transport par chariot
un montant (Stützpfosten)
réconcilier remettre d'accord, en harmonie

se lover s'enrouler sur soi-même
le pouce le plus gros des doigts de la main

enfouir qc cacher qc dans le sol
une litière paille répandue sur le sol de l'étable et sur laquelle se couchent les animaux
le sol battu sol nu que l'on a rendu dur par une pression répétée
trépider trembler, vibrer
écarteler déchirer, détruire

choisi. Jamais plus les maisons grises! «Le sable, le ciment, le goudron: n'était-ce pas ainsi qu'on recouvrait les morts dans les cimetières?» Il creusa donc sa tombe dans la paille et, recru de fatigue, s'endormit en pleurant de très douces larmes sur lui-même.

une tombe lieu où l'on enterre un mort
recru,e de fatigue épuisé de fatigue

Lorsqu'il les aperçut tous, dans l'aube sale: son père hagard et mal rasé, sa mère transparente d'angoisse, les gendarmes, leurs chiens; lorsqu'il les aperçut avec leur mine de Fermigny et leur odeur de Fermigny, couleur trottoir, égarés comme cette autoroute parmi les champs heureux et les oiseaux libres, il se dressa sur son séant, frotta ses yeux, tendit vers sa mère deux bras couverts de brins de paille:
– Maman!
Elle tomba à genoux près de lui. Alors, il les dévisagea l'un après l'autre avec étonnement, ces étrangers.
– Qu'est-ce qui vous est arrivé? demanda-t-il enfin. Vous vous êtes perdus?

'hagard,e (verstört)
s'égarer ne plus trouver le bon chemin
se dresser sur son séant se redresser, s'asseoir après avoir été couché
dévisager qn regarder qn avec attention

Comprendre, analyser, discuter

A *Compréhension*

1. Résumez les passages du récit qui traitent de l'amitié insolite entre le jeune garçon et l'animal.
2. Parlez des découvertes que fait Hervé lors de ses promenades du mercredi.
3. Le Midi: qu'évoque ce terme pour les gens de Fermigny?
4. Les ouvriers arrivent avec leurs machines: racontez comment un faubourg se transforme en chantier.

B *Analyse*

1. L'autoroute: quelle est sa valeur symbolique dans ce récit?
2. Routes et chemins; l'autoroute: que pense Hervé de ces différentes voies de communication?
3. Dans quel domaine l'auteur a-t-il choisi les images dont il se sert pour décrire la construction de l'autoroute?

4. Analysez les relations entre Hervé et les membres de sa famille.
5. Quels sont les surnoms qu'Hervé donne à Fermigny (p. 28, ll. 8–9)? Expliquez-les.
6. Comment vous expliquez-vous l'amitié touchante qui unit le petit garçon à «sa» vache?
7. L'auteur dit que le bonheur d'Hervé est «condamné» (p. 31, l. 2). Que veut-il dire par là?
8. Arrivé à la campagne, Hervé est heureux mais aussi déçu (p. 26, l. 33) qu'il n'y ait personne avec qui il puisse partager son émerveillement. Pourquoi est-il heureux, pourquoi déçu?
9. Selon Cesbron, qu'est-ce que devenir «une grande personne» (p. 31, ll. 31–32)? En quoi est-ce «un accident tragique»?
10. «Il payait» (p. 33, l. 24): expliquez cette constatation laconique et essayez d'apprécier son importance pour l'ensemble de la nouvelle.
11. «Qu'est-ce qui vous est arrivé? Vous vous êtes perdus?» (p. 34, ll. 17–18). Ce n'est donc pas Hervé qui s'est égaré, ce sont, au contraire, ses parents. Expliquez.
12. Où situez-vous le point culminant de l'action de ce récit? Pourquoi?
13. Quels sont les thèmes traités dans ce récit? Lequel vous paraît le plus important?

C *Discussion*

1. La pollution acoustique: comment y remédier?
2. Le frère d'Hervé admire l'autoroute, Hervé la déteste. Quels sont, selon vous, les avantages et les inconvénients d'une autoroute? (Pensez à la destruction de la nature mais également à l'aspect économique du problème.)
3. Etes-vous d'avis que devenir une grande personne est forcément «un accident tragique»?
4. Hervé «ne vivait que d'avenir (Mercredi prochain .... Les grandes vacances .... Quand je serai grand ....)» (p. 30, l. 39 – p. 31, l. 1). Pensez-vous également que les enfants ne vivent que d'avenir?
5. Partagez-vous l'avis de l'auteur lorsqu'il dit que généralement on se rend compte trop tard du fait qu'on a été heureux (cf. p. 26, l. 3)?

PAVILLON PERDU

Lorsque le train s'ébranla avec une insidieuse lenteur, plusieurs voyageurs mirent machinalement leur montre à l'heure, presque sans lever les yeux de leur journal: 19 h 10. Beaucoup d'autres se contentèrent de la vérifier, naïvement fiers de constater que, depuis le train du matin, 8 h 2, la grande aiguille n'avait pas dévié d'une seule minute, et plus d'un le précisa à son voisin avec un rengorgement irritant.

Mais Maurice R. ne fit ni l'un ni l'autre. Que lui importait que sa montre marchât exactement? et à qui en eût-il fait part? Il était seul, seul avec les inspecteurs et les mauvais garçons du roman policier (toujours semblable et jamais le même) qui, deux fois par jour, lui tenaient une compagnie si fugace.

«L'homme en imperméable se pencha vivement vers la jeune fille inanimée. La blouse en désordre… (Il tourna la page.)… laissait voir une poitrine somptueuse qui palpitait. ‹Beau châssis! pensa l'homme. Une chance que les autres ne l'aient pas bousillée!›…»

Maurice R. posa le livre, ferma les yeux et se laissa rêver. Il s'imaginait enfouissant dans la poche de son imperméable clair un pistolet encore chaud et saisissant à bras-le-corps une fille dont la blouse achevait de craquer sous la pression d'une «poitrine somptueuse»… – Et puis après? Qu'attendre de cette sorte d'aventures? de cette sorte de livres? – «Et de la sorte de vie que je mène?» se demanda-t-il anxieusement. Il arrêta son regard sur chacun des voyageurs du wagon, sur leur visage *plus vieux d'un jour* (et cette pensée l'atterrait) où se lisaient sans peine la médiocrité de leur destin et la très veule acceptation de ce destin. Employés de bureau, bruyants compagnons d'apéritif, termites incrustés dans leur alvéole de ciment sonore vers lequel ce train les ramenait aveuglément… – «Et toi-même?» Cette pensée ne fit que traverser l'esprit de Maurice R.; presque aussitôt, l'assurance que possède chacun de nous d'être unique

un pavillon petite maison isolée
s'ébranler se mettre en marche
insidieux,–se faux, trompeur
dévier s'écarter de sa direction; diverger
avec un rengorgement en faisant l'important; tout fier
irritant,e énervant, qui met en colère
fugace qui dure très peu; bref
somptueux,-se magnifique, superbe
palpiter s'agiter rapidement
un châssis *pop* le corps de la jeune fille
bousiller *pop* tuer
enfouir enfoncer, mettre dans qc
à bras-le-corps avec les bras et par le milieu du corps
atterrer effrayer, consterner
la médiocrité caractère de ce qui est sans intérêt particulier
veule lâche, sans volonté
incrusté,e (verkrustet, verhaftet)
une alvéole cellule de cire (Wachs) que fait l'abeille
sonore *(hier:* hellhörig)
l'assurance *f* la certitude

l'en sauva. Pourtant ne travaillait-il pas dans un bureau semblable au leur? Et ne montait-il pas, matin et soir, dans le même train? Et son adresse n'était-elle pas aussi celle d'une fourmilière: Bâtiment XII, Escalier M, 14e étage, Porte 21?

«La jeune femme ouvrit des yeux où passa une sorte d'effroi.

– Qui êtes-vous? demanda-t-elle à l'inspecteur.

Il eut un rire épais.

– Le bon Dieu, ma belle enfant!»

Cette fois, Maurice R. ferma le volume. A quoi bon lire ce que cent écrans vous ont déjà montré? ce qu'on pourrait écrire soi-même? D'un revers de manche il effaça la buée de la vitre, regarda au-dehors, regarda mieux mais ne vit rien – rien que son reflet empreint d'ennui et même (il se pencha pour le dévisager) d'une certaine angoisse. La brume qui, ce matin, flottait entre deux airs, le train la déchiquetait en vain rageusement, comme un chien fait d'une étoffe épaisse. D'heure en heure, elle avait investi Paris patiemment, massé ses troupes grises aux portes de la ville. Catastrophe de nuages, provision d'ouate pour l'éternité, armée de fantômes muets – et le train, sur ses rails étroits, se ruait de confiance dans ce néant en y dardant un œil mort.

Maurice R. reporta son regard sur les vivants qui l'entouraient. Tous ces êtres, à la fois inconnus et familiers, qui, prisonniers de leur cage blindée, s'enfonçaient dans ce brouillard, n'était-ce pas l'image du siècle et de ses habitants passagers? «J'ai l'esprit philosophique, ce soir», pensa-t-il avec complaisance. La sirène du train puis le frôlement d'un convoi qui roulait aussi vite, aussi aveuglément dans le sens opposé, le firent tressaillir. «Bah! se dit-il encore, quoi qu'on fasse, *on vit à tombeau ouvert*...» – Et il rouvrit son livre afin de retrouver ces assassins si rassurants. «La jeune femme remit sans hâte un peu d'ordre dans sa tenue...»

Entre l'Étang-la-Ville et Maisons-le-Dauphin, le train dut faire un arrêt insolite à cause du brouillard. Les voyageurs à la montre vérifièrent l'heure en sourcillant et plusieurs étourdis faillirent descendre sur le ballast, se croyant

une fourmilière (Ameisenhaufen)
l'effroi *m* crainte, peur
une manche partie du vêtement qui couvre le bras
la buée vapeur qui se dépose sur une surface en petites gouttes
empreint de marqué par
dévisager qn regarder qn avec attention
la brume brouillard (la brume est moins dense que le brouillard)
déchiqueter qc déchirer en petits morceaux
investir entourer de troupes
l'ouate [lwat] *f* (Watte)
se ruer se précipiter
le néant le non-être
darder *lit* lancer
blindé,e (stählern, gepanzert)
la complaisance fait d'être (trop) content de soi
le frôlement le fait de toucher légèrement en passant; le bruit que cela produit
un convoi *ici:* train
tressaillir trembler, p.ex. sous l'effet d'une émotion
un assassin meurtrier
la tenue *ici:* l'ensemble des vêtements
l'Étang-la-Ville, Maisons-le-Dauphin communes dans la banlieue sud-ouest de Paris
insolite inhabituel
sourciller (die Stirn runzeln)
étourdi,e qui agit sans réfléchir
faillir faire qc être sur le point de faire qc sans qu'on le fasse vraiment
le ballast [–ast] l'ensemble des pierres qu'il y a entre les rails

arrivés. Maurice R., entraîné avec les types en imperméable dans une chasse à l'homme, rôdait en esprit autour de Pigalle. Mais l'habitude, en lui, devait compter chaque halte puisque, à la septième, il descendit machinalement sur un quai que les ampoules nues jalonnaient à grand-peine. Il trouva le souterrain à peu près où il l'attendait, ressentit, sans l'analyser, que l'escalier comptait quelques marches de trop et émergea dans un océan de coton.

La cité où il logeait dressait ses hauts casernements à sept minutes de la gare, à la pointe d'un chemin en forme de baïonnette et que ses pas suivaient d'instinct. Mais, ce soir, la rue ne s'y prêtait guère. Quelle était donc cette masse inattendue surgie à sa gauche derrière un rempart de brume? Et pourquoi la matière même du trottoir le déroutait-il? – Allons bon! voici que la rue tournait à droite... Quoi! déjà? et si brusquement?

Il avait étendu ses deux mains devant lui à la façon des aveugles et s'assurait, avant d'y poser le pied, d'un sol si bizarrement étranger.

– Je vais buter sur la boulangerie, là, maintenant, dit-il tout haut (mais sa voix ne traversait pas le bâillon de brouillard). Sinon...

Chaque soir, il y achetait la triste «demi-baguette» des solitaires. Il aperçut, en effet, luisant faiblement sur l'autre trottoir, cette devanture que des projecteurs embrassaient pourtant d'une lumière théâtrale. Il s'en approcha et distingua toutes sortes de victuailles hormis du pain; levant les yeux, il parvint à lire «Charcuterie du Carrefour», et son cœur se mit à battre avec violence.

Il se rua dans cette boutique si chaude, navire illuminé qui passait à portée de son naufrage. D'avance, il ressentait une gratitude éperdue envers la grosse femme qui trônait paisiblement dans un royaume de jambons aussi roses qu'elle, loin des banlieues aveugles et des passants perdus.

– Ma question va vous sembler stupide, madame, mais avec ce brouillard... Où sommes-nous ici?

– A la Charcuterie du Carrefour.

– Je veux dire: quelle localité?

– Dorgeval.

rôder se promener à l'aventure, vagabonder
Pigalle Place Pigalle à Paris; endroit où se déroule l'action du roman policier que Maurice est en train de lire
une ampoule partie de la lampe qui donne la lumière
jalonner déterminer la direction, les limites d'un terrain; *ici:* les ampoules sont réparties le long du quai
émerger apparaître, sortir
le casernement ensemble des constructions d'une caserne
se prêter à être conforme, approprié à
un rempart muraille épaisse dont on entourait les villes fortifiées
dérouter désorienter
s'assurer de qc vérifier qc
buter sur qc (stoßen, treffen auf)
un bâillon morceau d'étoffe que l'on met dans la bouche de qn pour l'empêcher de parler, de crier
un solitaire celui qui vit seul
une devanture vitrine d'un magasin
les victuailles *f* la nourriture
'hormis excepté, sauf
à portée de facile à atteindre
le naufrage (Schiffbruch)
éperdu, e *ici:* passionné, profond

– C'est pourtant bien là que j'habite, dit Maurice R. d'une voix blanche.

Il vit passer sur la face réjouie une onde d'angoisse.

– Raoul, monte donc voir! cria la charcutière vers les entrailles du magasin mais sans quitter des yeux ce singulier client.

Raoul entra peu après; il achevait de s'essuyer les avant-bras sur un tablier maculé de sang. On s'expliqua très longuement avec un peu trop de «Mais bien sûr!» parce qu'on avait eu peur, de part et d'autre. En vérité, le train s'arrêtait deux fois: «Dorgeval B. V.» (ce qui signifiait *Basse Ville,* mais qui s'en souvenait?) et à «Dorgeval-Cités jardins» (mais les cités y avaient précisément tué les jardins). Trompé par la halte inusitée, Maurice R. avait quitté le convoi une station trop tôt, «Allons, c'était tout naturel!»...

Et maintenant! Retourner à la gare? – Par ce brouillard, n'était-ce pas bien hasardeux? Et puis il lui faudrait attendre le train de... Voyons...

– J'avais pourtant laissé l'horaire dans le tiroir de gauche: Ah! le voici... Mes lunettes à présent... Eh bien! c'est ce que je disais: pas de train avant 21 h 42. Vous aurez plus vite fait de continuer à pied jusque chez vous.

Le gros doigt traça des itinéraires luisants sur le guéridon de marbre qui ressemblait à une gigantesque tranche de pâté. «Ici, l'Uniprix... là, l'église... vous continuez tout droit...» Maurice R. se persuada qu'il comprenait et retenait parfaitement ces explications, parce qu'un incoercible désir s'était emparé de lui de fuir au plus vite ce royaume de charcutailles, ce répugnant musée de l'ingéniosité des hommes à mêler et pétrir la chair et les entrailles d'un seul animal. Tous les fleuves se jettent dans la même mer: ce dégoût subit alimentait en lui la nausée de plus en plus fréquente et profonde que lui inspiraient le bureau, le train, la cité géante où il logeait et ce tourbillon de visages clos que brassait la ville.

Trop vite rassuré, à la manière des enfants, il sortit avec soulagement et, de nouveau, s'enfonça dans le brouillard aveugle et sourd. La première à gauche; puis

une voix blanche voix sans intonation caractéristique
une onde masse d'eau qui se soulève
les entrailles *f* *ici:* l'intérieur

un tablier vêtement que l'on met quand on fait la cuisine
maculer salir

une cité-jardin ensemble d'immeubles séparés les uns des autres par des espaces verts
inusité,e inhabituel

'hasardeux,–se risqué, dangereux

un itinéraire chemin à suivre
un guéridon petite table (ronde) à pied central
le marbre (Marmor)
le pâté (Pastete)
Uniprix nom d'une chaîne de grands magasins
se persuader *ici:* se dire
incoercible *lit* qu'on ne peut réprimer
répugnant,e dégoûtant
l'ingéniosité *f* habileté, talent
pétrir modeler
la chair substance qui constitue les muscles de l'homme et des animaux
subit,e brusque, soudain
la nausée sensation de dégoût insurmontable
géant,e gigantesque, énorme
le tourbillon poussière, neige, etc. qui tournoie rapidement
clos,e fermé
brasser mêler en remuant
avec soulagement (erleichtert)

tout droit jusqu'au feu, avait dit Raoul. Un feu... S'agissait-il de ce lampadaire qui dormait debout? ou du signal jaune qui clignotait obstinément en pleine brume comme bat le cœur d'un homme dans le coma? – Il choisit ce dernier. Et maintenant, à droite. A droite ou à gauche? (Les deux gros en avaient pourtant discuté longuement, mais déjà Maurice R. ne les écoutait plus.) Parce que son instinct le poussait dans une direction, il crut plus sage d'obliquer vers l'autre. Il avait, de nouveau, perdu toute confiance en soi et savait qu'il ne la retrouverait qu'en franchissant le seuil du bâtiment XII, en avançant jusqu'au pied de l'escalier M, en appuyant sur le bouton marqué 14...

Il tâtait sa clef dans sa poche; jamais peut-être aucun objet ne lui avait paru aussi précieux. Il se prit à rêver à son petit appartement tiède: il se vit, chaussé de pantoufles, s'asseyant lourdement dans son grand fauteuil un peu défoncé, mettant en marche sa radio; et il s'avisa que s'il avait seulement possédé en ce moment un poste portatif, il se serait senti parfaitement calme et assuré. Il lui manquait une voix humaine. «Une voix humaine...» Il se demanda si elle ne lui faisait pas défaut à chaque heure du jour, chaque jour de sa vie, et si celle-ci ne s'écoulait pas irrémédiablement par cette blessure...

Songeant de la sorte, il perdit tout à fait la notion de distance; le plan du charcutier se dissolvait entièrement.

– Voyons, se dit-il à voix haute (car tout lui était bon pour peupler son désert), leur pendule marquait 20 h 7 lorsque j'ai quitté la boutique; or, il est maintenant...

Impossible de déchiffrer l'heure dans la pénombre laiteuse qu'une lumière un peu plus forte engendrait çà et là. Maurice R. y parvint enfin; 19 h 56. Quoi? Il porta la montre à son oreille: arrêtée! Il lui sembla que son cœur aussi s'arrêtait. Perdre la mesure du temps après celle de la distance, n'était-ce pas se détacher de la vie même? Il se sentait parfaitement seul; ou plutôt il comprenait soudain – à cause du brouillard et de cette montre cassée – qu'il était absolument seul depuis... – mais depuis toujours! Il s'aperçut aussi qu'il faisait froid. Non! qu'il

un lampadaire lampe très haute qui éclaire la rue
clignoter s'allumer et s'éteindre alternativement à très brefs intervalles
obstiné,e qui persiste dans ses idées, inflexible
obliquer tourner
tâter toucher avec la main pour examiner
se prendre à se surprendre à
tiède ni chaud ni froid
défoncé,e brisé, cassé
un poste portatif une radio à transistors
faire défaut manquer
s'écouler couler hors de quelque endroit
irrémédiablement à jamais; irréparablement
de la sorte ainsi
la notion sens, idée
se dissoudre fondre; *ici:* se perdre
la pénombre lumière très faible
laiteux,-se qui a la couleur du lait
engendrer faire naître
se détacher se séparer

avait froid, qu'il tremblait, qu'il mourait de froid. L'impression d'être nu…

Un regard jaune apparut au loin et s'écarquilla à mesure que la voiture approchait. Maurice R., sur son île déserte, la héla en vain; elle passa, avec la lenteur têtue d'un tank. Il vit diminuer, cligner, disparaître ce petit œil rouge, son ultime espoir. La dernière voiture de Paris, le dernier automobiliste de cette nuit s'en retournaient vers la chaleur et la lumière… Retombé dans ses ténèbres, le naufragé se demanda ce qu'il avait le plus de chances de rejoindre, de la gare, de la charcuterie ou de sa cité. Mais quand on est perdu, on se trouve dérisoirement à égale distance de tout. Il décida donc de poursuivre à l'aveuglette: «Je finirai bien par tomber sur l'une ou sur l'autre!» Il tentait de s'en persuader; mais, plus profondément, il se voyait marchant toute la nuit, n'osant plus s'arrêter, tournant en rond, promis au désespoir et à la pneumonie.

Comme son imagination s'emballait, il se contraignit à repartir du pas ferme de celui qui sait parfaitement où il va; et même à chantonner d'un ton sinistre. On était loin de l'imperméable clair et de la poitrine somptueuse… «Un chien aurait depuis longtemps retrouvé son chemin», se dit-il avec amertume. Un chien… Il souhaita passionnément la présence à ses côtés d'un chien. Sa vie entière lui apparaissait semblable à ce désert opaque. Le néant.

A présent, il n'eût guère fait le difficile: Petit Poucet, il se fût précipité vers n'importe quelle lumière, même celle de l'Ogre! Mais il paraissait marcher dans un terrain vague sans lueur ni frontière – et depuis combien de temps? Il porta, de nouveau, la montre à son oreille, espérant il ne savait quel prodige. Oh! quelque chose de vivant qui lui tînt compagnie, fût-ce le tic-tac d'une montre… Seuls, les enfants espèrent que les objets se réparent tout seuls ou qu'on se réveille guéri. Maurice R., dans sa nuit, redevenait un enfant: absolument sans défense.

A quel moment perçut-il l'ombre de l'ombre du bâtiment? Ou crut-il le voir seulement? ou bien est-ce qu'il le

s'écarquiller s'ouvrir très largement
héler appeler de loin
têtu,e qui persiste dans ses idées
cligner *ici:* fermer à demi
ultime dernier
les ténèbres *f* obscurité profonde
un naufragé personne qui a fait naufrage (Schiffbrüchiger)
dérisoire ridicule
à l'aveuglette sans y voir clair, comme un aveugle
promis,e à *ici:* exposé à
la pneumonie (Lungenentzündung)
s'emballer aller trop vite; se laisser emporter par une idée
se contraindre à se forcer à
chantonner chanter à mi-voix
sinistre triste, sombre
l'amertume *f* mélancolie
opaque qui s'oppose au passage de la lumière (contr.: transparent)
faire le difficile se montrer exigeant, ne pas se contenter de peu
Petit Poucet personnage de conte de fées; garçon courageux (Däumling)
l'Ogre [ɔ] *m* géant des contes de fées qui a l'air effrayant et qui se nourrit de chair humaine
un terrain vague terrain qui n'est ni bâti ni cultivé
la lueur lumière faible
un prodige miracle, événement exceptionnel

pressentit mystérieusement comme le font les aveugles? Une sorte de chaleur et de jubilation montèrent en lui avec la certitude que c'était *sa* cité qui se profilait au delà du brouillard et qu'ainsi le Ciel n'avait cessé de le guider dans sa nuit. Il se mit à courir vers la bâtisse, plus gigantesque d'instant en instant; mais il s'arrêta net devant le premier lampadaire de l'avenue: un lampadaire entièrement inconnu et qui lui sembla hideux.

Ce n'était pas son immeuble mais l'une de ces innombrables cités déversées en vrac aux abords de Paris, tragique jeu de dominos parmi lesquels, ici ou là, une tour décapitée s'élève comme un vain appel au secours. Là vivaient, comme chair à pâté, quelques milliers d'étrangers auxquels, du moins, il était aisé d'aller demander du secours. Déçu, Maurice R. hésitait; et c'est alors qu'il aperçut à gauche, presque à ras de terre, une humble constellation de lumières puis, en scrutant les ténèbres d'un œil plus aigu, la forme d'une maison basse qui lui parut enfin à l'échelle humaine et vers laquelle il se dirigea presque sans réfléchir.

Il traversa un jardin aux arbres si paisibles que, d'un seul coup, les heures qu'il venait de vivre lui parurent un de ces cauchemars dont on se réveille un peu honteux. Il gravit quelques marches très douces et s'apprêtait à sonner lorsqu'il s'avisa que la porte était demeurée entrouverte. Il s'avança donc en souriant dans cette chaude odeur de vivants; le plancher craquait sous ses pas. Il allait de confiance vers toujours plus de lumière lorsqu'il entendit une vieille voix demander:

– C'est toi, Marie?

Comme il tardait à répondre, la voix reprit, chargée de quelque angoisse:

– Marie, c'est bien toi?

– Non, monsieur, ce n'est pas Marie, dit Maurice R. Mais n'ayez pas peur, ajouta-t-il très vite car il entendait un petit branle-bas de meubles, ce n'est qu'un passant égaré. Me permettez-vous d'entrer?

– Mais... bien sûr, fit le vieillard d'un ton un peu contraint.

«Il va bien voir que je n'ai pas l'air de...» – Non, le vieux monsieur ne verrait rien, car il était aveugle.

pressentir prévoir vaguement
la jubilation joie vive
se profiler se montrer en silhouette, se dessiner
une bâtisse bâtiment de grandes dimensions
'hideux,-se très laid
déversé,e répandu
en vrac [-k] en désordre
aux abords de dans les environs de
décapité,e sans tête
aisé,e facile
à ras de au niveau de
humble simple, modeste; pauvre
scruter examiner avec attention
à l'échelle humaine aux proportions humaines
un cauchemar rêve pénible qui fait peur
'honteux,-se *ici:* confus
gravir monter
le branle-bas *ici:* bruit causé par le fait que qn remue des meubles
égaré,e qui s'est perdu (verirrt)
contraint,e gêné, peu naturel

Debout près d'une chaise dont il avait empoigné le dossier d'une main très blanche mais qui tremblait un peu – ce qui humilia beaucoup le jeune homme.

– Je vous en prie, monsieur, excusez-moi de faire ainsi intrusion chez vous. (Les paupières closes et comme *cachetées* le fixaient sous des sourcils arqués par la surprise.) Voici une heure ou deux, je ne sais plus, que j'erre dans la nuit. Il y a, ce soir, un brouillard terrible...

– Et dans la campagne on s'égare facilement! («Dans la campagne?») Asseyez-vous, monsieur. Ma fille ne va pas tarder à revenir.

Elle arriva peu après. Dieu merci! car l'entretien tournait court. Maurice R. ayant évoqué la cité où il habitait, l'autre avait eu un haut-le-corps:

– Comment cela, une «cité»? Vous voulez dire une ville!

– Non, un grand ensemble. Vous savez, ces groupes de bâtiments où logent des milliers de locataires et qui...

Au fur et à mesure qu'il décrivait, il avait vu la défiance figer ce visage comme le gel un étang.

– Très loin d'ici, alors?

On entendit le pas léger et vif et la voix, dès le vestibule:

– Papa? tout va bien?

– Très bien. (Et sa voix, comme son visage, s'était transformée à l'approche de sa fille.) Nous avons de la visite.

– De la visite!

Elle apparut, si semblable à sa voix – à son père aussi – que Maurice R. en resta sans paroles. Belle, elle l'était sans doute, mais à la manière des portraits anciens d'inconnues dont on ne peut s'empêcher de penser qu'elles sont mortes jeunes. Jeune, elle aussi, «Jeune comme la neige», se dit-il; c'était une pensée bizarre mais dont il ne pouvait se défaire. Il émanait d'elle un charme *rassurant;* entrer dans son regard et dans sa voix, c'était fuir un siècle inhumain et trouver refuge dans des temps où le bonheur passait lentement, d'un jour à l'autre, semblable et silencieux, sable du sablier. «Ce n'est pas l'évasion qui rend heureux mais le retour», se dit encore Maurice R., sans bien comprendre sa pensée.

Il lui venait aussi, à regarder cette inconnue, une

empoigner prendre en serrant dans la main
un dossier partie de la chaise sur laquelle on appuie le dos
humilier *ici:* rendre confus
faire intrusion chez qn s'introduire chez qn sans y être invité
la paupière (Augenlid)
cacheter fermer une lettre avec un cachet (Siegel)
le sourcil [-si] (Augenbraue)
arqué,e en forme d'arc

tourner court cesser brusquement, rester sans résultat
évoquer *ici:* décrire
un 'haut-le-corps mouvement brusque du corps indiquant un grand étonnement

au fur et à mesure que à mesure que
la défiance *contr. de* confiance
figer glacer, paralyser
le gel (Frost)
un étang étendue d'eau moins vaste et moins profonde qu'un lac

se défaire de se débarrasser de
émaner se dégager de

un sablier (Sandhuhr)
l'évasion *f* la fuite

étrange litanie: Silence, Noblesse, Secret, Certitude... dont chaque mot lui paraissait la définir absolument, bien qu'il ne connût rien d'elle. C'est à cela qu'il s'aperçut que, depuis toujours, il connaissait ce visage et cette voix; et cette manière qu'elle venait d'avoir de cligner un peu ses paupières pour aiguiser son regard et de pencher la tête en levant un seul sourcil. «Mais n'est-ce pas seulement que je l'attendais depuis toujours?» se demanda-t-il. D'un coup, en apparaissant seulement, la jeune fille du fond des temps venait de *démoder* non seulement les héroïnes de ses romans stupides, mais toutes ses «aventures», à peine plus réelles qu'elles. Il se contraignit à parler, mais ses yeux, qui ne la quittaient pas, étaient d'années en avance sur ses paroles si banales.

– Comme je l'expliquais à votre papa, je tourne en rond dans le brouillard depuis longtemps. («Depuis toujours!») J'essayais de retrouver mon immeuble; et, derrière votre maison, j'ai cru voir...

– C'est une fantasmagorie, dit le vieux monsieur en souriant; car, derrière notre maison, il n'y a rien: rien que ce petit bois qui, dans mon enfance, me paraissait une grande forêt!

Maurice R. s'aperçut que Marie le fixait d'un regard suppliant et qu'elle avait posé un doigt devant ses lèvres, mendiant le silence.

– Oui, répondit-il au hasard et d'une voix qu'il affermissait à mesure, c'est le bois assez haut que j'ai dû prendre pour...

Il lut la gratitude sur le visage de la jeune femme. Il aurait parlé de fûtaies, de fermes, de champs! Que n'eût-il dit, que n'eût-il fait pour entrer dans son amitié?

On causa de la brume, de l'hiver approchant, des splendeurs tristes de l'automne. L'automne... Maurice R. songea brusquement que ce mot les peignait tout entiers, Marie, le vieil homme et la maison basse – l'automne paisible et désespéré, ruiné mais fastueux; l'automne et son silence hautain d'aristocrate condamné.

Une pendule sonna ses coups précipités, tel un rappel à l'ordre, et le vieux monsieur se leva.

– Bonsoir. J'espère que vous allez retrouver votre che-

une litanie *ici:* longue suite de mots

aiguiser *ici:* rendre plus vif, plus pénétrant

démoder mettre hors de mode

contraindre forcer

une fantasmagorie vision fantastique

supplier prier humblement

mendier faire appel à la charité de qn; *ici:* prier

affermir rendre plus sûr, plus fort

à mesure peu à peu

une fûtaie forêt de grands arbres

les splendeurs *f lit ici:* la beauté

fastueux,-se de grand luxe

'hautain,e qui montre un orgueil autoritaire; arrogant

tel *lit* comme

min. Marie vous expliquera, ajouta-t-il avec une assurance désinvolte.

Il tendit devant lui une main que serra le visiteur et tourna son visage vers le vide. D'un geste enfantin et royal, Marie vint poser son front devant ses lèvres. Ce front, le jeune homme l'observa; puis la chevelure aux teintes d'octobre et qui se relevait en torsade; puis ces mains si blanches qui, chaque matin, la tordait de la sorte. Il imagina leur geste; il entrait, sans permission, avec une joie grave, dans l'univers familier de Marie. Et lorsque, du pas même du vieillard, elle accompagna son père jusqu'à la porte de sa chambre, il se permit d'observer son corps entier, étonné d'en ressentir un trouble si pur.

La pièce où il demeura seul, le temps l'avait patiemment ornée et meublée. Maurice R. songea au mobilier *moderne* de son «studio», à ses bibelots de hasard – et la porte 21, l'escalier M, le bâtiment XII lui semblèrent détestables.

Marie reparut sans bruit sur le seuil.

– Eh bien, qu'est-ce que nous allons devenir?

– Je vais essayer de retrouver mon chemin.

– C'est impossible, vous le savez bien!

– Il y a peut-être un hôtel dans les environs...

– Une «auberge de campagne», dirait mon père? Non. Je vous remercie d'avoir respecté sa... vision, reprit-elle en baissant les yeux (et voici qu'elle ressemblait au vieil aveugle, mais comme avril ressemble à novembre parfois). Mon père a perdu la vue il y a des années, juste après la mort de ma mère: comme si... (Elle n'acheva pas.) Il ne sait rien des changements intervenus ici. C'était la campagne; c'est devenu... ce que vous savez. Je suis institutrice dans le groupe scolaire d'une des cités. Mon père m'imagine dans une classe de campagne avec des écoliers en pèlerine, cache-col et bas de laine noire, s'en venant à pied à travers champs avec leur panier. Il croit toujours vivre parmi des vergers et des bois. Il s'étonne de ne plus entendre les chiens aboyer ou un conscrit s'exercer au clairon dans la nuit. Autrefois, la carriole du laitier nous éveillait, l'angélus de midi et celui du soir annonçaient les repas. Mais l'église a disparu; et on a édifié, à la

désinvolte *contr. de* gauche, maladroit

la teinte nuance qui résulte du mélange de plusieurs couleurs

une torsade *ici:* une tresse = cheveux réunis et tordus

tordre (winden, flechten)

un bibelot petit objet décoratif dont on garnit p.ex. les étagères

détestable très mauvais, désagréable

intervenir arriver, se produire

une pèlerine manteau sans manches

un cache-col foulard (Schal)

s'en venir *vieux* venir

un verger terrain planté d'arbres fruitiers

un conscrit jeune homme qui doit partir au service militaire

un clairon sorte de trompette

une carriole petite voiture à deux roues

un laitier celui qui vend le lait

l'angélus [-ys] *m* prière qui se dit le matin, à midi et le soir; *ici:* le son de la cloche qui annonce l'heure de cette prière

place du hameau, cette cité de vingt étages dont le vent, quelquefois, rabat les rumeurs jusqu'à nous. Mon père tourne alors vers moi son visage étonné... – Je vous demande pardon de vous raconter tout cela!
– Continuez, dit le jeune homme d'une voix altérée.

La cité avait abaissé ses milliers de paupières. Ne veillaient plus, derrière quelques fenêtres, que l'angoisse ou l'amour lorsque, dans la maison basse, on s'avisa de l'heure. Marie entraîna au jardin celui qu'elle appelait déjà par son prénom.
– Venez, Maurice. A cette heure-ci on respire un peu l'odeur d'autrefois.

C'était celle des terres noires, ouvertes, fumantes, celle des sous-bois et des étangs, odeurs lentes et puissantes comme les bêtes des étables, odeur en marche vers la ville, obstinément, malgré les chemins de fer et les pylônes à haute tension: malgré ce corset de béton et d'acier qui s'épaissit autour de Paris. La forte senteur maternelle vers ces enfants prodigues, ces orphelins aux tristes fêtes; le silence hanté des campagnes qui, la nuit venue, engloutissait les cris et les rengaines de la ville...

Un oiseau se mit à chanter, proche mais invisible. Maurice R. prit la main de Marie et la porta à ses lèvres; elle la lui retira sans hâte.
– Je vous demande pardon, dit-il, je suis si seul.
– Plus que moi? demanda-t-elle à voix basse, mais sans doute n'interrogeait-elle qu'elle-même. Restez! ajouta-t-elle comme si brusquement cette nuit, cette brume, le silence même l'effrayaient.

La lumière retrouvée les déconcerta. Il leur sembla – mais chacun espéra que lui seul l'éprouvait – qu'ils étaient seuls face à face pour la première fois; et aussi (depuis ce geste et cette double confidence) que la moindre parole les engageait. Le silence même, entre eux, devenait compromettant; cependant, aucun n'eût préféré revenir à la conversation aisée de tout à l'heure.

Et brusquement, comme un bourgeon trop gonflé par l'attente éclate d'un coup, livrant son secret si fragile, le jeune homme se mit à parler devant lui.
– Il faudra bien que je retourne chez moi... Le brouillard

un 'hameau petit groupe de maisons
rabattre diriger, orienter, amener
altéré,e troublé
abaisser... les paupières fermer les yeux
le sous-bois partie de la forêt où la végétation pousse sous les arbres
une étable bâtiment où vivent les animaux de la ferme
un pylône à haute tension (Hochspannungsmast)
l'acier *m* (Stahl)
s'épaissir devenir plus épais
la senteur *lit* odeur agréable, parfum
l'enfant prodigue (Verlorener Sohn)
un orphelin enfant qui a perdu ses parents
'hanter se dit des fantômes qui fréqentent un lieu
engloutir dévorer, avaler (verschlingen)
une rengaine *fam* une chanson à la mode que l'on répète sans cesse
déconcerter embarrasser, désorienter
une confidence fait de dire qc en secret à qn
un bourgeon bouton (une fleur qui ne s'est pas encore ouverte)

ne peut pas durer toujours, ajouta-t-il avec un sourire triste sans regarder Marie. Mais je n'y retrouverai plus cette assurance que je prenais pour du bonheur. Plus jamais, cela je le sais. Une vie? Allons, seulement des habitudes...

– Chacun de nous se lève tôt, dit doucement Marie. (Ses yeux ne le quittaient pas, prêts à se détourner si les siens...) Il faudrait songer à dormir.

– Dormir? Voici vingt-cinq ans que je dors! Elle fit semblant de ne pas l'avoir entendu.

– Encore cinq minutes, implora-t-il.

– Ce sont les enfants qui mendient pour veiller encore...

– Que ne sommes-nous des enfants!

Cette maison surgie des brouillards, ces inconnus si familiers, rencontrés après une marche harassante et solitaire, n'était-ce pas justement son enfance qu'il retrouvait après tant d'années perdues. Oui, avait-il vécu vraiment depuis l'enfance? Ou seulement erré de caserne en caserne, suivant un horaire absurde mais impérieux? L'enfance est une maison basse.

– Marie, encore cinq minutes!

Elles durèrent une heure; et cependant, Maurice R. éprouvait à chaque instant, jusqu'à la souffrance, le passage de cet instant. «O temps, suspends ton vol, et vous, heures propices...» Ce qui n'avait été pour lui qu'une laborieuse citation scolaire devenait blessure vivante. Il ne put s'empêcher de l'exprimer, sans autre raison, et presque au milieu d'une phrase:

– Marie, fit-il soudain, le temps qui passe, c'est inhumain!

Elle leva sur lui, avec lenteur, un regard si pathétique, à la fois si digne et si implorant, qu'il sut aussitôt qu'elle ressentait la même douleur. Il s'en trouva d'abord lâchement consolé, puis désespéré au contraire. «Être en danger de mort, c'est savoir son temps strictement compté, pensa-t-il. Nous le sommes...» Il se trompait: c'est pouvoir le calculer. Mais qui sait si, en elle ou en lui, quelque horloge secrète...

La véritable horloge, celle qui régentait la maison basse, sonna deux heures de nuit.

implorer prier humblement

'harassant,e fatigant

impérieux,-se autoritaire, tyrannique

suspendre arrêter

«O temps...» vers tirés d'un fameux poème, intitulé «Le Lac», de Lamartine (poète romantique, 1790–1869)

propice favorable

laborieux,-se qui exige un effort pénible, difficile

régenter diriger de façon autoritaire

– Cette fois…, commença Marie en souriant, et elle se leva. Vous dormirez ici, sur ce divan. Je vais sortir des draps.

– Certainement pas!

– C'est un peu fort, gronda-t-elle: vous tombez chez les gens sans prévenir, sans être introduit et, de plus, vous prétendez y faire la loi!

Ils apprêtèrent donc le lit avec cette sorte de brutalité attentive dont usent les mères pour langer un petit – et peut-être y pensèrent-ils ensemble, car pourquoi rougit-elle soudain?

– Demain, je serai sans doute partie avant vous. («Sûrement pas!» se promit-il.) Je vous dis donc au revoir et… au prochain brouillard!

C'était une plaisanterie; mais prononce-t-on une plaisanterie les larmes aux yeux?

– Non, fit-il sans réfléchir, à demain soir, Marie!

Elle eut la force de répondre: «Mais il n'y a pas de raison…» Puis elle cacha son visage dans ses mains, faisant, pour ne pas montrer qu'elle pleurait, un effort qui la trahissait davantage encore. Enfin, elle se détourna brusquement et sortit.

Maurice R. demeura désemparé, transi, tel un promeneur dans une forêt quand le soleil se couche. Il resta, un long moment, immobile. Tout bruit avait cessé; il crut même percevoir l'ample souffle du vieux monsieur endormi. Il fit, sur la pointe des pieds, lentement, le tour de la pièce, aimant du regard tous les objets, savourant le *temps* qui s'était accumulé en chacun d'eux, imaginant tous les regards dont, avant le sien, il avait été caressé: tout cela qui engendre cette paix qui émane des choses. Puis il sortit de nouveau dans le petit jardin. Cinq étoiles brillaient au ciel, vigies hautaines. La brume s'était donc levée; mais, pas un instant, il ne songea à rentrer chez lui. Les oiseaux s'étaient tus. Une rumeur très vague lui parvenait par instants – Paris peut-être… Mais non! le vieux monsieur avait raison: dans cette nuit-ci comme dans la sienne, on était en pleine campagne.

Maurice R. compta les heures qui le séparaient encore du monde: du train, du bureau, des autres – et résolut de

gronder réprimander un enfant

langer (windeln)

trahir révéler (un secret)

désemparé,e qui ne sait plus que dire, que faire

transi,e pénétré par le froid; paralysé

percevoir qc s'apercevoir de qc

ample large; *ici:* sonore

savourer apprécier beaucoup, jouir de

caresser (streicheln)

une vigie un garde

se taire (s'être tu) ne plus rien dire

les vivre une à une sans dormir un instant. Sans réfléchir à ce que cette démarche pouvait avoir d'insolite (et que penserait Marie si elle ouvrait sa porte?), il s'assit à terre, devant cette porte, bien décidé à y demeurer, chien fidèle, garde du corps...

la démarche manière d'agir

Une nuit dans son enfance, il s'était pareillement juré de veiller à genoux devant la chambre de sa mère malade. Recroquevillé sur lui-même, petit tas de sommeil et de larmes remporté dans son lit par les mains paternelles, il s'y était réveillé plein de honte. Peu après, sa mère était morte; et il avait toujours cru que, cette nuit-là, il eût été en son pouvoir de la sauver – et peut-être n'avait-il pas tort. Cette fois, avec vingt ans de retard, il saurait veiller leur fragile rencontre et cet immense espoir partagé en silence...

se recroqueviller s'enrouler sur soi-même
plein de honte tout confus
fragile qui se casse facilement

C'était compter sans le harassement de sa randonnée. Pour se tenir éveillé, il entreprit de se remémorer scrupuleusement son enfance. Mais, avant même de parvenir à cette nuit où il n'avait pu veiller une heure à la porte de sa mère, il s'endormit encore. Une fraîcheur l'éveilla au cœur de la nuit; de crainte de succomber de nouveau et d'être trouvé là, il alla se glisser dans cette couche que, quelques heures plus tôt, les mains mêmes de Marie avaient apprêtée, et il s'endormit avec cette pensée.

le 'harassement fatigue
une randonnée promenade assez longue
se remémorer qc se rappeler qc
succomber ne pas résister, céder

La première chose qu'il aperçut, le lendemain matin, lorsque son corps trop fidèle le tira du sommeil à l'heure quotidienne, fut un billet à son chevet et – comment s'y tromper? – de l'écriture de Marie: «A ce soir...»

un billet *lit* courte lettre
un chevet partie du lit où l'on pose la tête

Peu après le déjeuner (un sandwich et un café, le regard ailleurs), Maurice R. voit, par la fenêtre du bureau, le paysage s'affadir, se griser. «La brume...» La brume, insidieusement de retour, au ras du sol, puis à hauteur d'homme, puis bâtissant ses maisons vides entre les maisons. D'un regard fréquent à la pendule puis à la croisée, Maurice R. en mesure les progrès et s'en réjouit secrètement, pareil à ceux qui observent les prémices de la saison qu'ils préfèrent ou qui retrouvent le décor de leur bonheur. Il est le premier à sortir du bureau, à dégringoler l'escalier. Oh! cet autobus qui n'avance pas!

s'affadir devenir fade
au ras de tout près de la surface
fréquent,e qui se produit souvent
une croisée fenêtre
les prémices *f lit* début, commencement
dégringoler descendre très vite

Que ne possède-t-il des rails, comme le train qui, tout à l'heure... Mais le troupeau aveugle des voitures piétine prudemment dans le brouillard.

Lorsque le train s'ébranle, toujours ponctuel, Maurice R. ferme les yeux et commence à sourire. Hier, n'était-ce donc qu'hier que, dans le désert de son cœur, il lisait ici même ce roman policier dont le seul souvenir lui fait honte?

La brume règne partout; ses régiments silencieux bivouaquent sans feux pour la nuit entière. Tant mieux! Maurice R. guette les lumières, compte les stations et, avec la méfiance d'un provincial, se fait confirmer plusieurs fois que celle-ci est bien Dorgeval B. V. avant d'y descendre.

Voici, de nouveau, le quai piqueté d'ampoules mornes, le souterrain, l'escalier, la ville invisible, endormie sur son édredon de brouillard. Il s'y enfonce sans appréhension, car il sait où le conduit son chemin d'aveugle. Il passe en souriant devant la «Charcuterie du Carrefour», son théâtre de saucissons, sa régente placide, son bourreau débonnaire. Il poursuit de confiance; ses pas résonnent seuls dans le désert gris; il marche au fond de l'océan... Tourner à gauche. Non, à droite! Il s'agit de commettre, une à une, les mêmes erreurs qu'hier – bienheureux égarement! Encore cent pas environ, et puis...

Cent, deux cents, six cents pas. C'est son cœur, à présent, qui les compte, dans le pressentiment, puis l'anxiété, puis l'angoisse. Quelle heure est-il? Mais sa montre, bien sûr, n'est pas réparée. Machinalement, il étend ses bras devant lui – mauvais signe... Son instinct, cette fausse certitude en quoi se déguise parfois notre espérance, le jettent à gauche, puis à droite. Perdu? Allons donc, ne le croyait-il pas hier, tandis que sa déroute le guidait merveilleusement vers la maison basse? N'avait-il pas déjà vécu exactement les mêmes incertitudes, redouté les mêmes détours? et ne savait-il pas, cette fois, où ils le conduisaient?

Il repart, heureux de peiner dans le noir et de sentir la fatigue et le froid le transpercer, heureux de tout ce temps perdu car il lui semble que chaque minute sacrifiée

piétiner avancer très lentement, pas à pas
bivouaquer camper (comme les soldats)
guetter observer attentivement
la méfiance doute, incertitude
piqueter marquer
morne sombre, triste
un édredon (Daunendecke)
l'appréhension *f* inquiétude, crainte
une régente femme qui régit, administre, dirige
placide paisible, flegmatique
un bourreau celui qui exécute les condamnés à mort.
débonnaire doux, pacifique
résonner produire un son
l'égarement *m* fait de se perdre
se déguiser s'habiller d'une manière telle qu'on ne puisse pas être reconnu
la déroute *ici:* égarement
un détour chemin plus long que le chemin direct
peiner *ici:* éprouver de la fatigue, de la difficulté
transpercer traverser

rendra plus lumineux l'instant vers lequel il se dirige. Il marche, débordant de patience et d'impatience, image même de l'espoir, seul, de plus en plus seul dans les doubles ténèbres de la nuit et de la brume ... Il marche et, merveille! voici des lumières, l'avenue ponctuée de réverbères, et voici le premier d'entre eux ...

Mais de quelle horreur ne frissonne pas Maurice R. lorsqu'il en reconnaît le modèle familier! Et quel cri déchire la nuit opaque tandis que des milliers de locataires, ses voisins, se penchent à leur fenêtre!

En vain. En vain. Scrutant la nuit, ils distinguent pourtant une vague silhouette – «Ne dirait-on pas Maurice R.?» une forme plus grise que la brume, qui s'abat en pleurant, qui s'abat en criant de douleur, sur le seuil glacé de bâtiment XII, escalier M.

déborder de être plein de

ponctué,e marqué

un réverbère lanterne servant à éclairer les rues

frissonner trembler légèrement sous l'effet da la peur

s'abattre tomber tout à coup

le seuil [sœj] entrée (Schwelle)

Comprendre, analyser, discuter

A *Compréhension*

1. Décrivez la vie quotidienne de Maurice R.
2. Comment Maurice voit-il les autres?
3. Paris dans la brume: décrivez l'image que nous en donne Cesbron dans la première partie du récit.
4. A la «Charcuterie du Carrefour»: quels sentiments Maurice R. éprouve-t-il?
5. «J'ai l'esprit philosophique, ce soir.» (p. 37, ll. 29–30). Citez les passages du texte qui se rapportent à ces propos et dégagez la philosophie de Maurice R.
6. Dites comment Maurice R. parvient à la maison basse.
7. Décrivez la cité de Maurice R. et la maison basse, puis comparez-les.
8. Racontez ce qui se passe le lendemain.

B *Analyse*

1. Expliquez le titre du récit.
2. Quelle est, pour l'ensemble du récit, la fonction du roman policier que Maurice lit dans le train?
3. Cesbron compare la brume à un océan (p. 38, l. 8). Relevez toutes les expressions où revient cette image et commentez-les.

4. En quoi la marche dans la brume a-t-elle un sens à la fois réaliste et symbolique?
5. Etudiez l'effet différent que la brume produit sur Maurice R. dans chacune des deux parties de la nouvelle.
6. Quels sentiments Maurice R. éprouve-t-il quand il pense à sa cité?
7. Faites le portrait moral de Marie.
8. La «vision» du père de Marie: comment «voit»-il le monde qui l'entoure?
9. Essayez de caractériser l'amour qui unit Marie et Maurice.
10. «L'enfance est une maison basse.» (p. 47, l. 21). Chez Marie, Maurice croit avoir retrouvé son enfance. Commentez.
11. Commentez l'expression «au prochain brouillard» (p. 48, l. 14) en vous demandant pourquoi Marie l'a employée.
12. Montrez le parallèle que l'auteur établit entre les deux veillées de Maurice (p. 49).
13. Paris et ses «enfants prodigues», ses «orphelins» (p. 46, l. 19). Expliquez ces deux images (voir aussi Appendice, texte 4).
14. L'Etang-la-Ville, Maisons-le-Dauphin, Dorgeval-Cités-Jardins: dans quelle mesure ces noms sont-ils trompeurs?
15. Quel est, du point de vue de la technique du récit, le procédé employé ici par Gilbert Cesbron? L'auteur a-t-il toutefois renoncé complètement à faire des commentaires?

C *Discussion*

1. Discutez la philosophie de Maurice.
2. Etes-vous d'avis que Maurice ne retrouvera plus jamais Marie?
3. Certains passages de la nouvelle sont quelque peu invraisemblables. Dites lesquels et expliquez pourquoi.
4. Maurice respecte la «vision» du père de Marie. A sa place, auriez-vous réagi comme lui?
5. Aimeriez-vous vivre dans l'une des cités que nous décrit Cesbron? Justifiez votre réponse.
6. Maurice dit du roman policier qu'il est «toujours semblable et jamais le même» (p. 36, ll. 12–13). Etes-vous d'accord avec cette remarque sur le roman policier? Donnez des exemples pour illustrer votre réponse.

L'ENFANT PRODIGUE REVIENT TOUJOURS TROP TOT

Brusquement, il entra dans les quartiers riches. Ah! ce fut immédiat, comme le silence quand se lève le rideau rouge. C'étaient apparemment les mêmes immeubles, les mêmes arbres, les mêmes pavés; pourquoi ne respirait-on pas le même air? Pourquoi les maisons vous regardaient-elles de haut, et les trottoirs résonnaient-ils différemment? Quelque chose de dur, de propre, de désert devant soi... Et l'impression que ces immeubles froids étaient doublés, fourrés intérieurement: «hypocrite comme une pelisse» – c'était l'une de ses expressions aux temps de la révolte...

Comment était-il resté tant d'années insensible à cette atmosphère des quartiers riches? Sans doute la transportait-il avec lui partout ailleurs, «bourgeois-tortue» qui ne se déplace pas sans sa maison... Jean-Louis se représentait M. Tiercelin, son père, en bourgeois-tortue. «Le Tiercelin des Forges et Aciéries de Mayenne, vous savez bien?» – «Celui dont le fils, il y a trois ans...» – «Exactement.»

Que de fois ces mots avaient-ils dû être chuchotés dans les salons, dans les journaux, dans les conseils d'administration depuis son départ, depuis le soir terrible où il avait jeté à la face de son père toutes ses vérités, et son père lui avait donné à choisir; et sa mère qui pleurait dans la grande bergère du salon, et sa sœur – il l'aurait juré – qui écoutait derrière la porte...

Il avait mieux tenu le coup que son père, ce soir-là: il était resté maître de lui, très «spectateur»; et vraiment l'autre lui donnait le spectacle! C'était intéressant à voir, un bourgeois multimillionnaire qui défend devant son fils ses privilèges de droit divin, qui essaie de rallier à l'Argent son fils, son «porte-nom» – très intéressant! Et la phrase finale: «Dans ces conditions nous n'avons plus rien à nous dire.» La phrase qu'on jette au débiteur

l'Enfant prodigue enfant que l'on accueille avec joie à son retour à la maison paternelle qu'il avait abandonnée depuis lontemps (der Verlorene Sohn)
le rideau rouge rideau au théâtre
apparemment à première vue
résonner *ici:* renvoyer le bruit des pas
doublé,e garni intérieurement (on double les vêtements pour les rendre plus épais)
fourré,e doublé de fourrure (= peau d'animal)
hypocrite qui dissimule, faux
une pelisse manteau doublé d'une fourrure
une tortue (Schildkröte)
une forge atelier où l'on travaille les métaux
les forges la fonderie (Eisenhütte, Hüttenwerk)
une aciérie usine où l'on fabrique de l'acier (Stahlwerk)
Mayenne [majɛn] ville de l'ouest de la France
chuchoter parler très bas, dire qc à l'oreille de qn
dire toutes ses vérités à qn dire ouvertement tout ce qu'on lui reproche
une bergère fauteuil large et profond
tenir le coup résister à des soucis, à la douleur
le droit divin droit considéré comme donné par Dieu
rallier qn à qc amener qn à sa cause
un débiteur personne qui doit de l'argent à qn

défaillant, à l'employé renvoyé, à celui contre lequel on lâchera demain la meute des hommes de loi... Phrase facile à dire derrière son bureau Empire, derrière ses quatre téléphones, sous le portrait du fondateur de l'Affaire! M. Tiercelin l'avait dite à son fils, cette phrase irréparable, et Jean-Louis très posément, sans colère, sans claquer la porte (pas de scandale à cause des domestiques!), était sorti «à jamais», comme on dit, de cette maison. Il avait descendu ce même boulevard avec un sourire de saint sur les lèvres, mais ce cœur en lui qui battait trop fort et cette colère toute chaude qui montait; et arrivé là, sur ce banc près de l'église, il avait bien fallu qu'il s'arrête, qu'il se laisse pleurer de rage; jusqu'à se retrouver vide, épuisé, avec pourtant ce sentiment inconnu qui le rendait très léger et très fort, la haine.

Et voici qu'il se retrouvait sur ce même banc. Rien de changé. Il était dix heures du soir, il faisait doux, les gens promenaient leur chien. Ils avaient plutôt engraissé depuis trois ans, et Jean-Louis plutôt maigri; et puis son costume bleu était un peu en loques; et puis il avait tout de même appris quelques petites choses: que les hommes sont peu fraternels, que l'argent est roi chez les pauvres comme chez les riches. Et aussi qu'on est marqué «riche» à vie – rien à faire pour changer de caste, se faire accepter ailleurs! A fond de cale, à la chaîne de l'usine, à la soupe populaire, en tas dans un wagon à bestiaux ou entre deux gendarmes, Jean-Louis était le fils Tiercelin. Alors, autant revenir!

Trois ans, il lui avait fallu trois ans pour accepter cela, car ils avaient la vie dure, cette haine des siens et ce grand désir de fraternité! Trois ans, trois hivers: les premiers de sa vie. Et maintenant il revenait, plein de bonne volonté, plein de mépris pour cette bonne volonté – prêt à pleurer des larmes niaises, «des larmes d'Odéon» pour rien: parce que son père le prendrait aux épaules ou que sa mère aurait trois cheveux blancs – pour rien! Deux Jean-Louis, et l'un qui ricanait en regardant faire l'autre; l'un qui avait le ventre creux, l'autre qui avait faim et pleurerait comme un bon chien quand on lui jetterait une croûte. Deux Jean-Louis et l'un qui avait envie de donner des coups de pied au cul de l'autre!

défaillant *ici:* qui ne peut pas payer
Empire *ici:* style à la mode sous Napoléon Ier
un fondateur celui qui a fondé une entreprise, etc.
posément calmement
engraisser devenir gras (*contr. de* maigrir)
en loques usé et déchiré
être à fond de cale *fam* être sans argent
la soupe populaire soupe que l'on donne aux pauvres, gratuitement
autant revenir *ici:* dans ces conditions, pourquoi ne pas revenir?
mépris *contr. de* respect
niais,e bête, sot, stupide
des larmes d'Odéon larmes que l'on verse sur commande, comme un acteur au théâtre
ricaner rire de façon sarcastique
une croûte partie dure extérieure du pain
le cul [ky] le derrière

Quand il se trouva en vue du 32, et qu'il leva les yeux vers le deuxième («Toutes les lumières sont allumées: ils sont là...»), il eut une faiblesse, il entendit son cœur battre dans le vide. «Une libation préliminaire s'impose à l'Enfant prodigue respectueux des traditions», se dit le Jean-Louis ricaneur et il entraîna l'autre, le benêt, l'attendri, au bistrot le *Saint-Claude.*

– Et pour Monsieur?

– Un... un Pernod et un sandwich au jambon!

– Pain riche ou pain mie?

– Pain riche, dit Jean-Louis amusé, et il ajouta bonnement: Un casse-croûte, quoi!

Le garçon revint presque aussitôt:

– Il n'y a plus de jambon! (Il faisait claquer sa langue dans ses dents.)

– Eh bien! alors donnez-moi...

– Il n'y a plus de pain non plus! fit la patronne en regardant par-dessus ses lunettes.

«Les vaches, pensa Jean-Louis, ils ont dîné, ils s'en foutent!» Mais il prit son air le plus indifférent.

– Ça ne fait rien.

Au moment de régler, il pensa que c'était une chance: il n'aurait sans doute pas eu de quoi payer le tout. Il laissa un pourboire excessif pour obliger le garçon trop bien nourri à le remercier.

«Cette fois-ci, on y va!» – Il traversa l'avenue sans lever la tête. Devant le 32 s'allongeait une file de voitures dont les chauffeurs s'étaient réunis par groupes afin de bavarder. Jean-Louis jeta un regard sous la voûte: un vestiaire y était organisé. «Ces voitures, le vestiaire: il y a une soirée dans la maison – c'est peut-être chez nous!»

La concierge rangeait sur des planches brunes les manteaux pliés au carré, «paquetages» pour gens du monde que surmontait un chapeau noir bordé. Jean-Louis profita d'un instant où elle tournait le dos pour courir d'un bond et sans un bruit jusqu'à l'escalier. Il était devenu très habile dans ce genre de performances. «Ni vu ni connu, mère Vallée!» et il lui adressa dans l'ombre le pied de nez de ses douze ans.

Les invités avaient laissé dans l'escalier un sillage de

le 32 numéro de la maison

la libation *lit* fait de boire solennellement du vin

préliminaire qui précède et prépare qc

le benêt personne niaise

l'attendri celui qui est ému

Pernod apéritif à base d'anis

le pain riche pain ordinaire

le pain (de) mie pain qui a peu de croûte

bonnement simplement

un casse-croûte *fam* repas simple et léger; *ici:* un sandwich

la vache *pop* personne méchante

ils s'en foutent *pop* cela leur est égal

régler *ici:* payer l'addition

excessif, -ve exagéré, qui dépasse la mesure

une voûte (Gewölbe)

un vestiaire endroit où l'on dépose son manteau, son parapluie etc., au théâtre, p.ex.

un paquetage les affaires d'un soldat pliées en forme de paquet

bordé,e garni d'un bord

un bond saut

la performance (Leistung)

ni vu ni connu sans se faire remarquer

un pied de nez geste de moquerie (lange Nase)

un sillage trace que l'on laisse derrière soi

parfum trop riche qui troublait Jean-Louis. «Le luxe, c'est irremplaçable», se dit-il, et quelque chose en lui se réjouissait lâchement qu'il fût revenu. Et sur les marches, voici qu'il trouvait des plumes, des paillettes, une fleur gainée de papier d'argent, un mouchoir de dentelle parfumé. Il dut s'arrêter tant son cœur lui battait aux tempes, comme lorsqu'il revenait du collège en courant et s'asseyait là, sur le palier du premier étage, afin de reprendre son souffle.

La porte s'ouvrit, au-dessus: une rumeur de voix claires et de rires, une bouffée de musique parvinrent jusqu'à lui et, d'instinct, il se jeta dans le coin le plus sombre. Mais la porte s'était déjà refermée, comme un vantail d'écluse, sur le bouillonnement de vie et Jean-Louis se moqua de lui-même: «Comme un condamné à mort dans sa cellule! Comme un vieux lion qui ne veut pas entrer en piste et se cache au fond de sa cage!»

– Ah! et puis ça suffit, j'y vais!

Il respira un grand coup et monta l'étage en six enjambées, comme autrefois. Devant la porte il eut encore un attendrissement à cause du tapis dont le coin restait corné à la façon des cartes de visite, à cause de la clef qu'on glissait dessous en grand secret (comme à tous les étages de toutes les maisons de Paris). Il retrouva le geste les yeux fermés: la porte s'ouvrit sans un bruit et Jean-Louis reçut d'un seul coup le grand choc des voix, des éclats de rire, de la musique de danse, de cette chaleur parfumée mais écœurante, avec une fade odeur d'aisselles qui se mêlait aux senteurs du buffet.

Derrière la porte, il y avait un valet de pied qui se retourna d'un bloc et fixa le jeune loqueteux avec une surprise indignée. Il portait des gants de coton blanc trop grands pour lui; il pointa l'index vers Jean-Louis, il bégayait de stupeur.

– Co... Comment êtes-vous entré?

– Taisez-vous! fit Jean-Louis très calme. Est-ce que Thérèse est là?

– Madame Thérèse! Madame Thérèse!

Une grosse petite femme aux cheveux gris était sortie de l'office.

– Qu'est-ce que... Oh! mon grand!

une paillette petite bande plate et très mince en métal qu'on coud sur une étoffe pour la faire briller (Flitter)
une fleur gainée une fleur dont la tige (Stiel) est entourée de papier, p.ex.
un mouchoir de dentelle *f* (Spitzentaschentuch)
la tempe (Schläfe)
un palier plate-forme à chaque étage d'une maison
une bouffée souffle d'air
une bouffée de musique *ici:* il entend la musique quand la porte s'ouvre
un vantail partie mobile d'une porte
une écluse (Schleuse)
le bouillonnement tumulte
une enjambée grand pas
l'attendrissement *m* émotion, trouble
corner plier, relever le coin
corné à la façon des cartes de visite on corne les cartes de visite lorsqu'on a pris part personnellement à une cérémonie
écœurant,e dégoûtant
l'aisselle *f* (Achselhöhle)
la senteur *lit* odeur, parfum
un valet (de pied) domestique
loqueteux,-se en loques
indigné,e qui est plein de mépris, de colère
l'index *m* doigt dont on se sert pour montrer
bégayer parler d'une manière hésitante et confuse
la stupeur grand étonnement

Elle s'était jetée dans les bras de Jean-Louis, elle pleurait un peu, il l'entendait renifler contre lui.
– Mon grand... Comme tu m'as fait du chagrin... Si tu savais... Sans même me dire au revoir... Et trois ans sans une lettre, un malheureux mot, rien!
– Écoute, disait Jean-Louis, ça n'était pas ma faute. Tu sais bien que ça n'était pas ma faute!
– Et comme te voilà mis!
– Ça ne fait rien. Est-ce que M. Tiercelin est là?
– Ton père, s'il est là? Ce soir? Mais voyons! – Et, lui plaquant sur les joues ses baisers de paysanne: Oh, mon grand! mon grand!

Le valet de pied les regardait, médusé.
– Allez chercher M. Tiercelin dans les salons, lui dit Thérèse, faites-le venir ici, et pas un mot à personne!
– Tu vas être gentille, Thérèse, fit Jean-Louis doucement, tu vas me laisser seul. Tu comprends, je vais me trouver en face de M. Tiercelin, il faut que...

Mais elle s'était déjà esquivée.

«Monsieur Tiercelin.» Il avait tellement pris l'habitude de l'appeler ainsi quand il racontait son histoire aux autres qu'il ne pensait même plus à dire «mon père». Il disait «Monsieur Tiercelin» comme Poil-de-Carotte «Monsieur Lepic». Il eut un moment de vertige à la pensée qu'ils allaient se retrouver en présence. Cette scène, il l'avait imaginée cent fois, mais toujours trop touchante ou trop cruelle, à la manière d'une scène de théâtre; et maintenant il était affolé à l'idée qu'elle allait se jouer pour de vrai. Il se trouvait sans mots, sans gestes, comme un acteur qui ne sait pas son rôle et qu'on pousse sur le plateau parce que c'est à lui, vite! Et puis cette musique qui vous empêchait d'assembler deux idées, cette incessante rumeur de voix qui s'amplifiait, devenait assourdissante puis retombait à un silence terrible où Jean-Louis avait l'impression que tous les regards se tournaient vers lui...

Et soudain, M. Tiercelin parut.

«Il a vieilli», pensa Jean-Louis en un éclair. Mais la vue de son père, dont il attendait un tel trouble, le raffermit, au contraire; il se sentit «d'attaque», oui, c'était bien le mot...

renifler aspirer fortement par le nez

Comme te voilà mis! *dial* Comme tu es mal habillé!

plaquer *fam* coller; *ici:* donner

médusé,e frappé de stupeur

s'esquiver se retirer en évitant d'être vu

Poil-de-Carotte personnage principal d'un roman de Jules Renard; histoire d'une enfance malheureuse

Monsieur Lepic père de Poil-de-Carotte, homme très sévère et autoritaire

le vertige malaise, sentiment de tomber dans le vide

affolé,e comme fou

le plateau *ici:* la scène

s'amplifier devenir plus fort

assourdir rendre sourd

raffermir qn *ici:* lui donner du courage

M. Tiercelin demeura une seconde sur le seuil, fixant Jean-Louis avec la figure morte, le regard dur, les lèvres qui tremblaient un peu. Puis il ferma la porte à clef derrière lui et alluma la pleine lumière. Il agissait posément, avec des gestes mesurés et consciencieux, comme un chirurgien qui se lave les mains, comme un homme qui a son plan en tête et qui est sûr d'avoir raison. Puis il se campa devant Jean-Louis.

– Ainsi, c'est ce soir que tu reviens?

Cette voix, cette autorité, les bras croisés, la veine au front saillante... Jean-Louis fut «repris» comme au temps du collège.

– Mais, papa, oui... Pourquoi ce soir?

– Tu ne le fais pas exprès?

Il fit non de la tête. Une grande honnêteté devait se lire sur sa face car M. Tiercelin décroisa les bras, réfléchit un instant, puis posa la main sur l'épaule de son fils. Ce geste suffit: l'attendri chassa le ricaneur, Jean-Louis se sentit fondre.

– Papa, embrasse-moi!

Il faillit même tomber à genoux, mais il se rappela à temps les gravures du «Retour de l'enfant prodigue» et il resta debout. M. Tiercelin en fut très soulagé: lui-même avait craint ce geste.

Il se contenta de prendre son fils contre lui – pas tout à fait contre lui, à cause de son habit neuf – et de lui tapoter de dos.

– Bon! Bien! Bon! Allons, allons! répétait-il – une série de mots brefs comme s'il parlait à un cheval – et il pensait: «Pourvu qu'il ne pleure pas, mon Dieu, pourvu qu'il ne pleure pas!» Il dit enfin:

– Écoute, mon petit, ce soir c'est très ennuyeux... (Et, sur un geste de Jean-Louis:) Non, je ne veux pas dire que ce soit ennuyeux que tu sois revenu! Mais, ce soir, comprends-tu, c'est la soirée de fiançailles de ta sœur. Alors... C'est pourquoi j'avais pensé que c'était peut-être exprès que tu... Mais non! Évidemment non! Enfin tout de même, ce soir, il vaudrait mieux que cela se passe comme d'habitude, comme si tu n'étais pas rentré...

– Je vais aller dans ma chambre, dit Jean-Louis.

conscienscieux, -se *ici:* sérieux

se camper devant se planter devant qn/qc en prenant une attitude fière et décidée

saillant,e qui ressort

être repris,e être critiqué, grondé

exprès intentionnellement

faillir faire qc être sur le point de faire qc sans qu'on le fasse vraiment

les gravures du «Retour de l'Enfant Prodigue» Jean-Louis pense peut-être aux gravures de Greuze «Le Fils ingrat» et «Le mauvais Fils puni». Cettedernièremontre le retour de l'enfant prodigue qui revient trop tard, son père venant de mourir.

soulager qn débarrasser qn d'une douleur, d'une gêne

tapoter qc frapper légèrement qc

pourvu que espérons que

les fiançailles *f* promesse de mariage

Les mots sortaient mal, sa voix tremblait; cela s'entendit et il s'en voulut.

– Ah! c'est que ta chambre, nous en avons fait un boudoir pour ta sœur, et ce soir les cadeaux y sont exposés. Non, va plutôt dans la lingerie, à côté: je ne vais rien dire à ta mère ni à ta sœur. Après la soirée je les préviendrai.

On frappait à la porte. M. Tiercelin demanda: «Qui est là?»

– Monsieur, c'est Madame qui s'étonne de l'absence de Monsieur: M. Ferassol va prendre congé.

– J'arrive! C'est mon président de la Chambre de commerce, expliqua-t-il à Jean-Louis d'une voix fébrile. (Il était évident que le retour de son fils, après trois ans, comptait peu à côté du «Au revoir, et encore tous mes compliments!» de M. Ferassol.) Il dit encore:

– Alors, à tout à l'heure! Je tâcherai de revenir te voir mais, tu sais...

Il allait sortir, il se ravisa et, d'un ton plus dur:

– Dis-moi, tu vas bien rester dans la lingerie, n'est-ce pas? Je compte sur toi!

Jean-Louis fit oui imperceptiblement. Alors M. Tiercelin radouci:

– Je vais te faire porter des sandwiches. A tout à l'heure.

La porte se referma. Jean-Louis resta un moment comme frappé de stupeur, la bouche ouverte, les bras encore tendus. La scène était jouée. «Je parlerai avec mon père», avait-il pensé. Eh bien: voilà: c'était fini, son père lui avait parlé, et c'est tout ce qu'il avait à lui dire. Depuis trois ans, c'est tout ce qu'il avait amassé pour lui, ce père aux genoux duquel il était prêt à tomber tout à l'heure, ce père dont il avait rêvé presque chaque nuit. Comme un automate, Jean-Louis gagna la lingerie et s'assit sur le lit de Thérèse. Il sentit de nouveau cette odeur honnête, un peu fade, de travail, d'étoffe, de linge repassé: l'odeur de Thérèse, qu'il respirait quinze ans plus tôt lorsqu'il venait s'asseoir à ses pieds pour l'entendre chanter *Nuits de Chine*, pour voir fonctionner la machine à coudre, ou pour ramasser ses épingles avec le grand aimant rouge.

en vouloir à qn avoir du ressentiment envers qn

un boudoir petit salon élégant de dame

une lingerie pièce où l'on range et répare le linge

prendre congé dire au revoir

fébrile nerveux

se raviser changer d'avis

imperceptible qu'on ne peut remarquer

se radoucir devenir plus conciliant, plus gentil

amasser recueillir, accumuler

repasser (bügeln)

Nuits de Chine titre d'une chanson écrite en 1922

un aimant substance magnétique qui attire le fer

«Ici, au moins, rien n'a changé», pensa-t-il. Il sentit monter en lui des pensées absurdes comme: «Ils m'ont pris mon lit et ma chambre: où coucherai-je ce soir?» De ces pensées qui vous font pleurer tout seul; mais il s'en rendit compte à temps et refoula ces larmes trop faciles. Il avait un besoin de parler à voix haute, de «discuter le coup» avec lui-même; et il commença à tourner dans la pièce en gesticulant.

On frappa à la porte. Il espérait Thérèse, mais c'était le valet de pied qui apportait un plateau «à Monsieur de la part de Monsieur». Il paraissait effaré et regardait ce jeune vagabond avec un mélange d'attention et de terreur comme s'il eût été un prince que quelque sortilège aurait métamorphosé en sorcier bossu mais qui, d'un instant à l'autre, allait reprendre sa forme.

– Je vous remercie.

– Mais de rien, Monsieur.

Sur le plateau il n'y avait que d'écœurantes sucreries: «Décidément on ne sait pas ce que c'est que la faim dans ce quartier», pensa Jean-Louis. Un bruit de pas le fit sursauter; tout contre lui, un jeune homme et une jeune fille se parlaient. «Ah! se dit-il, c'est à côté dans la pièce aux cadeaux» et il prêta l'oreille. «Mais c'est Monique!» Monique, une jeune fille qu'il avait un peu aimée, qui le lui avait un peu rendu: quelques promenades au bois en voiture découverte, quelques apartés sur des marches ou sur des balcons dans les bals – rien. Elle parlait avec un jeune homme qu'elle appelait «Bob». Il était question de «Sciences-Po» et de rendez-vous à «Molitor». Elle demanda aussi:

– Qu'est-ce que c'est que ce blond qui épouse Huguette Tiercelin?

– Un type qui prépare l'Inspection, comme tout le monde.

– Et qui l'a déjà ratée une fois à cinq points près, comme tout le monde?

«La petite garce!» pensa Jean-Louis. Mais elle:

– Et pourquoi est-ce qu'elle l'épouse?

– Pour ça! répondit Bob, et Jean-Louis devina qu'il montrait les cadeaux.

Elle éclata de rire.

de ces pensées qui... ce sont des pensées qui...

refouler retenir, repousser

effaré,e effrayé, stupéfait

le sortilège action ou influence magique

métamorphoser transformer profondément

un sorcier magicien

bossu,e (bucklig)

sursauter faire un mouvement brusque, par surprise

prêter l'oreille écouter attentivement

un aparté échange de paroles que personne d'autre ne doit entendre

«Sciences-Po» *fam* l'Institut d'Etudes politiques, à Paris

«Molitor» station de métro à Paris

préparer l'Inspection préparer l'examen qui vous permet d'entrer dans l'administration et d'y faire carrière

rater ne pas réussir; échouer

une garce *fam* fille mauvaise et désagréable

– Et puis aussi, continua le garçon, je crois qu'il espère vaguement que le père Tiercelin lui passera la main. Il se fait vieux: il y a une bonne place toute chaude.

– Mais Jean-Louis…

– Bah! Vous en parlez encore? vous êtes bien la seule! «Eh bien, mais tout cela me paraît assez dégueulasse!» se dit Jean-Louis jovial. Il sentait tellement qu'il pourrait pleurer sur lui-même, «faire de la démagogie», qu'il se forçait à prendre tout de loin, de haut, les dents serrées avec un sourire un peu figé: en cavalier.

Les jeunes gens devaient maintenant s'embrasser dans un coin de la pièce car on les entendait respirer un peu fort. «Faire ça dans ma chambre, ils ont du culot!» pensa Jean-Louis en riant.

Il y eut un «Hum!», un échange de «Pardon», des bruits de pas, puis une nouvelle conversation que Jean-Louis écouta: il était décidé à tout entendre. Cette fois, il ne reconnut pas les voix, celles de deux hommes, des amis de son père, probablement.

Elles parlaient de parts de fondateur, de filiales et de reports, histoires auxquelles il ne comprenait rien. Mais soudain, il dressa l'oreille:

– Venez sûrement au prochain Conseil, mon vieux, disait l'un, nous allons essayer de débarquer Tiercelin. Vous savez que j'ai fait racheter ses actions à gauche et à droite en sous-main et que nous devenons majoritaires.

– Oui, mais le comité de gestion?

– Peuh! Un paravent! Vous pensez bien qu'à partir du moment où nous reprenons le contrôle du groupe, rien n'est plus facile que…

Le reste se perdit dans un brouhaha; on devait réclamer de la musique, car elle reprit et il y eut un «Ah!» ravi. «Les salauds! pensa Jean-Louis sans aucune amertume, c'est le panier de crabes…»

Il s'était mis debout. «Décidément, je n'en suis pas!» Il se sentait très solide, presque gai. Il déclama: «Adieu Sciences-Po, Molitor, Charbonnages, parts de fondateur, mariage d'argent, héritage, «Espérances», Neuilly, ô ma belle jeunesse, adieu!» et il se fit un grand salut de mousquetaire devant la glace. Puis il ajouta pour lui-même: «Il y a trois ans, c'était enfantin, mais maintenant

passer la main à qn lui laisser son poste
se faire vieux vieillir
dégueulasse *pop* dégoûtant, sale (moralement)
figé,e *ici:* sans expression, sans vie
avoir du culot *pop* avoir de l'audace, être impertinent
la part de fondateur partie du capital d'une entreprise qui appartient au fondateur
un report (Übertrag)
dresser l'oreille (aufhorchen)
débarquer qn *fam* chasser (par intrigue) qn du poste qu'il occupe
une action (Aktie)
en sous-main *lit* en secret
majoritaire qui détient la majorité des actions d'une entreprise
un comité de gestion comité qui s'occupe de l'organisation d'une entreprise, etc.
un paravent ce qui protège en cachant; *ici:* alibi
le brouhaha bruit confus qui s'élève dans une foule
un salaud *pop* personne déloyale, malhonnête
l'amertume *f* tristesse
le panier de crabes groupe de personnes qui cherchent à se causer du mal, même à se ruiner mutuellement
je n'en suis pas je n'appartiens pas à cette catégorie de gens
Charbonnages (de France) entreprise qui met en exploitation les mines de charbon
Neuilly commune à la périphérie ouest de Paris; le quartier des gens riches

c'est du solide parce que, entre-temps, j'ai appris à mépriser. Je peux y aller maintenant: je réussirai, je sais que je réussirai; et quand je reviendrai, ce sera moi le plus fort.» Puis, retrouvant cette légèreté qui lui prouvait sa force: «Thérèse, permets-moi de te voler une épingle de nourrice, chère nourrice, car les boutons de ce qui fut ma veste s'évanouissent. Modeste présent, mais que je te rendrai au centuple, je le jure! Quelle heure est-il? Tiens ma montre Uniprix est cassée: tout est donc rentré dans l'ordre...» Mais il s'arrêta net.

– Oui, la chère petite est si heureuse.

Sa mère venait de parler; une porte seulement le séparait de sa mère... Il resta immobile avec son rire figé et cette main qui tenait l'épingle double – statue absurde. Il écoutait cette voix, il n'avait plus d'âge.

– Enfin, voici au moins l'un de vos enfants heureux! Et Jean-Louis? (A voix plus basse.) Toujours pas de nouvelles?

Un soupir, puis:

– Pas de nouvelles. C'est-à-dire, mon mari le fait surveiller par la police.

– Ah oui?

– Je vous le dis à vous, mais naturellement...

– Naturellement!

– Alors mon mari sait toujours à peu près ce qu'il fait, où il est...

«Quoi! pensa Jean-Louis atterré, quand j'étais à Beaujon, il le savait!»

– Mais alors, vous pourriez peut-être le voir, essayer... je ne sais pas, moi!

– Oh non! mon mari me le défend.

(Ce cri, cette servitude...)

– Tout de même, une mère a le droit...

– Vous savez, mon mari est tellement coléreux. Ce petit lui a fait, nous a fait beaucoup de chagrin. Nous n'avions rien à nous reprocher; alors mon mari dit toujours: «C'est lui qui doit faire le premier pas.» Il est peut-être un peu dur, bien sûr, mais d'un autre côté...

«Pauvre maman... Ma pauvre maman...» Jean-Louis se redressa. Il avait retrouvé toute sa force. Il regarda cette figure d'homme dans la glace: «Allez! Ne perdons plus de

une nourrice femme qui donne son lait à un bébé qui n'est pas le sien
une épingle de nourrice épingle de sûreté pour langer (wickeln) les bébés
s'évanouir perdre connaissance; *ici:* se perdre, s'envoler
rendre qc au centuple rendre cent fois plus qu'on n'a reçu
une montre Uniprix montre qu'on a achetée au grand magasin Uniprix, montre sans valeur
une épingle double épingle de sûreté
un soupir (Seufzer)
atterrer stupéfier (niederschmettern)
Beaujon commissariat de police où sont emmenées les personnes interpellées au cours d'une manifestation; surtout connu depuis mai 1968
la servitude condition d'une personne qui n'est pas indépendante (Sklaverei)
coléreux, -se qui se met facilement en colère

temps maintenant, plus une seule minute! Tout est joué...» Il sortit sans un bruit.

Quand il eut reconduit le dernier invité, payé les musiciens, fait ouvrir les fenêtres, M. Tiercelin se rendit à la lingerie.

– Ça, par exemple!

La pièce était vide; et pas un mot, pas un indice, rien. «Alors, ce que je ne comprends pas, c'est ce qu'il venait faire ici ce soir!» se demanda-t-il.

Dans le salon, Mme Tiercelin, effondrée dans une bergère dorée, l'attendait avec impatience pour lui raconter le mystère de la tapisserie. Vers onze heures, comme elle passait seule contre la portière du petit salon, quelqu'un l'avait embrassée tendrement puis s'était aussitôt sauvé dans l'ombre. Elle en était restée interdite durant toute la fin de la soirée. Qui avait bien pu?...

M. Tiercelin vit là un bel «effet» à placer: il posa la main sur l'épaule de sa femme.

– C'était ton fils, dit-il avec force.

– J'en étais sûre! fit Mme Tiercelin en fondant en larmes.

C'etait inexact; elle ne s'était doutée de rien et, si elle n'avait pas appelé au secours, c'est qu'elle préférait encore sa peur au scandale.

ça, par exemple! interjection qui exprime la surprise

effondré,e installé sans aucune énergie, dans un fauteuil, p.ex.

interdit,e très étonné, consterné

placer un effet dire/faire qc pour provoquer l'admiration de qn

Comprendre, analyser, discuter

A *Compréhension*

1. Quels sentiments Jean-Louis éprouve-t-il en retrouvant les «quartiers riches»?
2. Qu'est-ce que le lecteur apprend au sujet des trois années que Jean-Louis a passées loin de chez ses parents?
3. Caché dans la lingerie, Jean-Louis est, malgré lui, le témoin de trois petites scènes. Résumez-les.
4. Quels sentiments Jean-Louis éprouve-t-il au moment de son départ définitif?

B *Analyse*

1. Commentez le titre de ce récit (voir aussi Appendice, texte 10).
2. Après la lecture du premier paragraphe on peut dire que le retour de Jean-Louis sera très probablement un échec. Pourquoi?
3. Qu'est-ce qui avait motivé le départ de Jean-Louis?
4. Pourquoi Jean-Louis est-il finalement revenu?
5. Pour quelle raison quitte-t-il de nouveau Neuilly?
6. Le texte ne fait que quelques rares allusions à la vie que Jean-Louis a menée au cours des trois dernières années. Comment l'imaginez-vous?
7. Dans quelle mesure la scène au bistrot est-elle un prélude à la rencontre de Jean-Louis avec le monde bourgeois?
8. Comparez M. Tiercelin au Père de la parabole de L'Enfant prodigue (voir Appendice, texte 10).
9. Et Jean-Louis, est-ce l'Enfant prodigue tel que St. Luc le décrit (voir Appendice, texte 10)? Justifiez votre réponse à l'aide d'exemples.
10. Quels sont les traits de caractère de M. Tiercelin et de Jean-Louis tels qu'ils se révèlent dans leur dialogue?
11. «Quand j'étais à Beaujon, il le savait.» (p. 62, ll. 27–28): à cette pensée, Jean-Louis reste «atterré». Pourquoi?
12. «Pauvre maman ... Ma pauvre maman ...» (p. 62, l. 39).
    a) Comment Jean-Louis voit-il sa mère?
    b) Comment jugez-vous le comportement de Mme Tiercelin?
    c) Quel est l'avis de l'auteur?
13. Pourquoi Jean-Louis vole-t-il l'épingle de nourrice? Dans quelle mesure peut-on dire que l'épingle est un objet symbolique?
14. Au commencement du récit, Jean-Louis qualifie le monde des bourgeois d'«hypocrite comme une pelisse» (p. 53, ll. 9–10). Commentez, à travers cette citation, la dernière partie de la nouvelle.

C *Discussion*

1. Les parents de Jean-Louis se soucient-ils vraiment du bonheur de leurs enfants? Qu'est-ce qu'on peut leur reprocher?
2. «Il y a trois ans, c'était enfantin; mais maintenant c'est du solide» (p. 61, l. 41 – p. 62, l. 1). Commentez ces paroles de Jean-Louis.
3. A quoi pense-t-il lorsqu'il dit «Je réussirai» (p. 62, l. 2)?
4. M. Tiercelin – Jean-Louis: antagonisme des générations ou conflit fondamental entre deux conceptions différentes de la vie?
5. «Le bourgeois-tortue» (p. 53, l. 16): Jean-Louis croit que l'on «ne se déplace pas sans sa maison.» Partagez-vous cet avis?

Questions sur l'ensemble des récits

A *Comparaison*

1. Comparez le monde d'Hervé à celui de Gérard.
2. Quelles sont les différences et les ressemblances dans la façon dont les personnages des trois premiers récits voient la campagne?
3. «Paris et ses parents pauvres» (p. 25, l. 18): expliquez pourquoi Cesbron se sert de cette image pour caractériser la banlieue (voir aussi Appendice, texte 4).
4. Quelle est, selon Cesbron, la place qu'occupe la radio dans la vie des habitants de la banlieue?
5. Marie et son père; Sylvie et sa grand-mère: étudiez les analogies et les différences qu'il y a dans les relations de Marie avec son père et de Sylvie avec sa grand-mère (voir aussi Appendice, texte 2).
6. Jean-Louis – Gérard, deux «sans-famille». Croyez-vous que des relations amicales seraient possibles entre ces deux jeunes gens?

B *L'objectif de l'auteur*

1. «Il est vrai que chaque roman de Cesbron tend à illustrer un problème d'époque.» (voir Appendice, texte 6). Cette constatation est-elle valable pour les quatre récits de ce recueil?
2. Ces quatre récits ne sont pas des récits «à thèse». L'auteur n'exprime pas d'idées politiques et il ne défend aucune idéologie. Et pourtant on dit que Cesbron est un auteur engagé. Comment peut-on, selon vous, expliquer cette contradiction?
3. «La seule justification de notre passage sur terre est d'aider les autres à vivre.» (Cesbron) Comment, à votre avis, Cesbron a-t-il aidé, par ses récits, «les autres à vivre»?
4. Avec lesquels de ses personnages l'auteur s'identifie-t-il? Citez des exemples et commentez-les.
5. L'auteur prend position contre certains aspects négatifs de notre société (voir Appendice, texte 4). Comment parvient-il, du point de vue du style et de celui du contenu, à convaincre le lecteur?
6. «Cesbron est un moraliste.» (J. de Bourbon-Busset) Dans quelle mesure se présente-t-il en moraliste dans ces récits et dans les textes en appendice?
7. Ce recueil de récits est-il, selon vous, un ouvrage plutôt «sombre et désespéré»? Justifiez votre opinion.

C *La technique du récit*

1. Interprétez les titres que Cesbron a donnés à ses récits.
2. Ces titres vous ont-ils invité(e) à la lecture ou vous ont-ils plutôt découragé(e)? Justifiez votre opinion.
3. Etudiez la manière dont Cesbron commence ses récits. Comment réussit-il, dès le début, à éveiller l'intérêt du lecteur?
4. Caractérisez la façon dont Cesbron termine ses récits et dites ce que vous en pensez.
5. Etudiez la structure des quatre récits et essayez de souligner le rôle que jouent, dans l'ensemble des textes, la description, la narration, le dialogue et les remarques de l'auteur. Citez des exemples.
6. La structure des récits est-elle toujours la même? Justifiez votre réponse en donnant des exemples précis.
7. Tous les récits reposent sur différents contrastes. Lesquels? Citez des exemples et commentez-les.
8. Relevez quelques passages qui vous semblent ironiques, comiques, tragiques ou mélodramatiques. Lesquels préférez-vous personnellement? Pourquoi?
9. Le style de Cesbron est riche en images. Dans quels domaines les a-t-il choisies?
10. Etes-vous d'avis que ces images sont bien choisies, c'est-à-dire qu'elles correspondent bien aux idées qu'elles devraient exprimer, ou vous semblent-elles, au contraire, trop recherchées ou même «tirées par les cheveux»?
11. Dressez une liste des images et des idées se rapportant à la solitude humaine telle qu'elle s'exprime dans les quatre récits de Cesbron.
12. On a reproché à Cesbron d'utiliser des clichés. A votre avis, ce reproche est-il fondé?
13. Cesbron nous dit qu'il essaie de se «mettre dans la peau» de ses personnages (voir Appendice, texte 5). Comment y parvient-il? Avez-vous l'impression qu'il s'en tient toujours à cette règle?

Appendice

Gilbert Cesbron par lui-même

Ce qu'on appelle vivre, dont sont tirés les extraits suivants, est composé d'entretiens entre l'auteur et Maurice Chavardès, critique littéraire. Ces entretiens, qui ont été enregistrés au magnétophone, ont le caractère d'une série d'interviews.

1. Attitude envers les jeunes

Je suis assez sévère avec les jeunes, probablement parce que je ne m'aimais pas. Mais, de toute manière, je n'aime guère ce passage biologique. J'adore l'enfance, j'aime beaucoup les vieillards, mais je n'aime pas les jeunes en soi, comme le font la plupart de mes contemporains qui flattent ainsi leur terrible présomption et leur égocentrisme. Je leur reconnais d'extraordinaires qualités – à leur insu, d'ailleurs – et des défauts qui sont indispensables à la société, mais je ne les «aime» pas plus que je ne m'aimais à leur âge. Les gens qui disent: «Moi je n'aime pas les jeunes actuels. Ah! nous étions bien différents...» – ceux-là ont tout oublié. Ils n'étaient pas différents; ils vivaient dans un autre contexte, voilà tout.

(Gilbert Cesbron, *Ce qu'on appelle vivre,* pp. 36–37)

2. Les jeunes et les vieillards

L'alliance entre les enfants, que j'aime, et les vieillards, que j'aime [...], représente pour moi quelque chose de très précieux. [...] Chaque écrivain a ses thèmes, comme chaque peintre, comme chaque musicien. Cette notion d'alliance est pour moi capitale. Il se trouve que les enfants et les vieillards sont à égale distance de Dieu. Les uns sortent à peine de ses mains, et les autres sont à l'ombre de la mort. Les vieillards ne «retombent pas en enfance» (ce qui est une expression affreuse pour exprimer le gâtisme), mais ils *retournent à l'enfance.* [...] Tous les vieillards qui ont gardé leur âme intacte retournent à l'enfance, et alors ils ont une connivence avec l'enfant qui est extraordinaire. D'ailleurs, les vieillards sont les seuls qui aient le temps de répondre aux «pourquoi» des enfants. Et aussi les seuls qui parlent le même langage et peuvent leur donner des explications satisfaisantes, car ils ont débrayé de la réalité, et les enfants – tant mieux pour eux – n'ont pas encore embrayé sur elle. Il est tragique qu'à l'heure actuelle, pour des raisons d'urbanisation, de difficulté de logement (et aussi d'égoïsme général), il n'existe plus de vie patriarcale: d'enfants vivant avec leurs grands-parents. Ils n'ont plus leur grand-père ou leur grand-mère pour leur raconter des histoires, se promener avec eux, répondre à leurs questions. Ils n'ont plus à portée de cœur ces personnages qui les comprennent, ne les punissent pas, servent de tampon avec les parents. Ce sont des personnages indispensables à toute enfance, et quel sens du bonheur, du temps, de la maladie, de la vieillesse, du silence – quel sens de tout ce qui fait la vraie vie pourront avoir les enfants actuellement élevés alors que le grand-père et la grand-mère sont à l'hospice ou à l'hôpital? Ce seront des infirmes sans le savoir.

(Gilbert Cesbron, *Ce qu'on appelle vivre*, pp. 53–55)

3. Le bonheur

Le bonheur, lui, correspond à l'expression: «être heureux» – et cela consiste essentiellement à être en paix. On est tout le temps en guerre! Contre soi-même, contre son esprit, contre son cœur. Mais quand on est en état de paix ou plutôt d'armistice – avec son cœur, avec son esprit, avec les autres, et avec Dieu quand on croit – c'est cela le bonheur, et il est la revendication universelle. Mais c'est aussi la chose la plus personnelle qui soit: chacun trouve ou plutôt fabrique son bonheur, différent suivant les pays, les familles, les individus. Pourtant, il existe une base universelle au bonheur, et l'on pourrait la résumer ainsi: *le bonheur, c'est quand on aime et qu'on est aimé.*

Et puis il y a le «petit bonheur», lequel est humble et quotidien. Vous comprenez, il y a des billets de cinq cents francs, et puis des pièces d'un franc, qui sont plus utilisées, donc plus utiles. Le petit bonheur, ce sont les pièces d'un franc; le bonheur, c'est le billet de cinq cents francs.

(Gilbert Cesbron, *Ce qu'on appelle vivre*, pp. 331–332)

4. L'amour de la banlieue

En 1974, vous publiez un recueil de récits sous le titre La Ville couronnée d'épines. *Il s'agit de Paris encerclé par sa banlieue. Comment le diadème de fleurs qui a nom L'Etang-la-Ville, Fresnes, Fontaine-Michalon, Fontenay-sous-Bois, etc., est-il devenu une couronne d'épines?*

A cause du développement aberrant et aveugle de l'urbanisme et du profit. On a laissé libre jeu à ce qu'en Occident nous considérons comme des fatalités et qui n'en sont pas. Par exemple, les concentrations dans l'industrie. On nous a rabâché que c'était une nécessité, et voici que l'on revient à de petites unités industrielles. Qui s'est trompé? Et qui dénonce l'erreur? L'urbanisation aussi était une fatalité. Bon. Maintenant on ne veut plus des grands ensembles! En fait, il n'y a pas de fatalités, mais on nous a fait vivre sous le règne ou, plutôt, dans la terreur respectueuse de l'inévitable.

Vous vous intéressez à la banlieue, vous qui êtes citadin?

Je suis fou de la banlieue; ou plutôt, je l'étais quand elle-même était encore la banlieue, c'est-à-dire les fiançailles un peu surréalistes de la ville et de la campagne. J'ai vu mourir cette banlieue-là en dix ans, et j'ai écrit, sur elle, ce testament romanesque, ce mémorial.

(Gilbert Cesbron, *Ce qu'on appelle vivre,* pp. 290–291)

5. Le métier d'écrivain

Pour tous mes livres, ma règle d'or est – veut être – l'équité. J'essaie de me mettre dans la peau de tous les gens qui, en telle circonstance ou situation, pensent noir, blanc, gris clair, gris foncé, etc. Comme mes livres prennent à bras-le-corps un certain nombre de problèmes face auxquels, par définition, il existe des positions diverses, et même adverses, je veux arriver à comprendre chacune de ces positions et incarner chacune de celles-ci. Donc, j'étale tout sur la table: les données du problème, ses conséquences, ses solutions possibles, à l'aide de personnages *qui tous doivent être sympathiques*. On dit: «Il n'y a pas de salauds dans ses livres.» Mais bien sûr! Cela n'a aucun intérêt, les salauds! On sait d'avance ce qu'ils pensent, ce qu'ils font (tandis que les saints, on ne le sait jamais!). Les salauds, ce sont des personnages de feuilletons, de mélos! Dans la vie, il n'y a pas de vrais salauds. Il y a des gens qui ont étouffé en eux la petite flamme, mais elle reste vivante, cachée. Aucun chrétien ne peut imaginer qu'un fils de Dieu est un salaud. Un salaud à jamais? Un salaud depuis toujours? Non. Les salauds ne m'intéressent pas. Ce qui m'intéresse, c'est de savoir pourquoi ce type «agit comme un salaud», qu'est-ce qui peut le faire changer, quelle est la petite lueur qui brusquement brillera dans son regard de salaud – voilà ce qui m'intéresse. Donc, tout mettre sur la table et laisser le lecteur libre de choisir.

Nous touchons là le grand problème de la responsabilité de l'écrivain en général.

Nous devons nous informer, nous imprégner, puis incarner dans des personnages équivalents toutes les vérités que peuvent soulever le drame, l'intrigue, le problème. Les lecteurs sont des hommes libres: à eux de se faire ensuite une opinion.

(Gilbert Cesbron, *Ce qu'on appelle vivre,* pp. 102–103; publication de ces extraits autorisée par Éditions Stock.)

Textes complémentaires

6. La mort de Gilbert Cesbron – Témoin d'abord

L'écrivain Gilbert Cesbron est mort d'un cancer dimanche 12 août à son domicile parisien. Il était âgé de soixante-six ans. [...]

C'est d'abord le témoin d'une foi, qui fait silence. Après lui, on ne voit guère que Julien Green: non pour s'avouer croyant – beaucoup d'écrivains y consentent – mais pour mêler aussi totalement la religion à l'art, dans la tradition de Péguy, Bernanos, Mauriac. Pas une phrase de Cesbron, sur des milliers de pages, où l'auteur ne se sente comptable du catholique militant.

Cette exigence fait passer le cas de conscience avant l'effet de l'art, le bon avant le beau. La critique y a vu une limite. Et il est vrai que chaque roman de Cesbron tend à illustrer un problème d'époque plus qu'à suggérer l'ambiguïté des êtres et des choses. C'est *Les saints vont en enfer* sur les prêtres-ouvriers; *Chiens perdus sans collier*, sur les jeunes délinquants; *C'est Mozart qu'on assassine*, sur les enfants de divorcés; *Moi aussi je vous aimais*, sur les handicapés...

Mais les critères esthétiques ou politiques qu'on opposait à cette morale omniprésente sont en train de passer de mode, et les problèmes de société, comme les scrupules éthiques, regagnent du terrain.

Le public, en tout cas, a anticipé le mouvement. A défaut de confrères, Cesbron s'est acquis des amis par millions. Cette part-là ne lui sera pas ôtée. Les lecteurs appréciaient que ses espèces de reportages romancés reflètent les préoccupations de leur temps et de tous les jours. Comment vaincre le malheur, ou l'accueillir dans sa part irrémédiable? Où situer le bien et comment le servir?

Ces questions pratiques, que la vie s'entête à nous poser dans les parloirs d'hôpitaux ou de prisons, et que les prêtres ont abandonnées aux radios périphériques, les lecteurs faisaient confiance à Cesbron pour les aider à les résoudre, parce qu'ils le sentaient à l'écoute des seules considérations du cœur, libre de toute doctrine, solitaire, inclassable, hérétique à sa façon; et renseigné sur le terrain.

Le journaliste de radio et le responsable du Secours catholique s'imposait discrètement d'approcher, de soulager la souffrance des éprouvés. On croit savoir qu'il a vécu sa longue maladie avec un acquiescement admirable à ce qu'il pensait être la volonté de Dieu.

Quelque cinquante romans, des essais et des centaines d'articles, dont beaucoup dans nos colonnes, témoignent de sa curiosité devant les aspects les plus variés du monde contemporain, et de sa passion d'y concilier justice et charité.

Il va manquer, sur notre siècle en mal d'absolu, ce regard penché de franciscain authentique et brûlant.

(Bertrand Poirot-Delpech, *Le Monde,* 14 août 1979)

7. Gilbert Cesbron

Gilbert Cesbron n'aime pas ressentir la complicité, l'alliance implicite entre les puissants. [...] Il ne peut pas voir les autres dans l'embarras; [...] il a acquis le sixième sens: celui de la fragilité des autres, et il est entré dans leur douleur. «Sauver quelqu'un qui se noie en se jetant soi-même à l'eau, c'est difficile; mais lui tendre la main quand on est sur la rive...» Cette part de lui-même, [...] il aime la mettre au large. Vieillards, enfants, malades, pauvres: ses livres et sa vie sont habités par les êtres sans défense. Ce n'est pas qu'il voit le drame partout; mais partout la douleur et partout la solitude de ceux qui s'égarent dans la fête des autres: «le monde, avec ses larmes d'orphelin», le monde du «chacun pour soi» où «personne n'écoute personne; ou chacun n'est qu'un spectacle pour les autres». Livre après livre, il bâtit un monde de chair là où s'érige un monde de pierre. [...] Parce qu'il a côtoyé la misère, parce qu'il est allé à sa rencontre, il sait qu' «on ne vit ni de sommeil ni de pommes de terre mais d'abord de présence et [que] ce n'est pas la pauvreté mais l'abandon qui fait le vieux». [...] L'essentiel est d'être attendu quelque part. «Réserver toute sa pitié pour ceux qui ne sont attendus nulle part! Définition de Dieu: celui qui attend ceux que n'attend personne...»

(Monique Détry, *Profil perdu,* Paris: Robert Laffont, 1978, pp. 128–129; publication autorisée par Editions Robert Laffont, Paris)

8. Dans l'étable où brille la paille

(Article présentant *La ville couronnée d'épines)*

Le titre même est très expressif d'une spiritualité sensible, mise à nu, déchirée et aussi d'une certaine naïveté douloureuse dans l'imagerie; mais il tait la joie, le mouvement perpétuel vers le bonheur, cette attente du miracle quotidien, qui ne sont pas moins au fond de l'œuvre de Cesbron et de ce livre-ci.

Cette couronne d'épines – hérissement de béton et de fer – autour de la ville, c'est la banlieue, et c'est son agonie sous les injures: sa passion, justement, que l'auteur souffre à travers les destins humains qu'il suscite et raconte. Ceux de l'aveugle ou des vieux enfouis dans le passé, qui ne savent pas que tout a changé autour d'eux, que tout est mort. Et tous les autres qui ne savent même pas que ce fut autrement: la vie, les choses; que l'éruption de ciment, la lave de l'asphalte ont submergé, détruit une campagne, des villages, une vie humaine, toute cette banlieue que l'auteur a encore connue – menacée, démantelée déjà, certes, mais encore présente, vivante – et qu'il a aimée.

De ces amours, ces récits sont nés. Pour les situer, à nos yeux et aux siens, dans le passé d'hier, il a accroché devant chacun d'eux comme un petit tableau souvenir. Maintenant, dans ces agglomérats humains, il ne voit plus guère que néant machinal, souffrance et surtout solitude. Mais aussi, le sursaut pour y échapper, l'élan pour se sauver. Se perdre afin de se retrouver: ce thème revient souvent. C'est le chauffeur d'autobus qui, un soir, rompt brusquement avec l'éternel itinéraire, s'enfonce jusqu'au bout de la nuit, et, avec le matin, retrouve la fraternité; c'est l'enfant qui part sur l'autoroute en construction et, au-delà des machines qui la déroulent, découvre le merveilleux des images: des arbres, un champ, une vache. Un homme quelconque s'égare dans le brouillard en rentrant dans son grand ensemble – bâtiment 12, escalier M, porte 21 – et il trouve un autre merveilleux plus merveilleux encore, jusqu'à .... Mais je laisse le lecteur découvrir tout seul ce *Pavillon perdu* qui est peut-être celle de ces nouvelles que je préfère.

Quelques-unes sont violentes, parfois sanglantes; la plupart d'une mélancolie douce ou poignante. Mais c'est tout le contraire d'un livre sombre et désespéré: dans l'étable, même détruite, brille le brin de paille.

(Y.F., *Le Monde*, 7 juin 1974)

9. La solitude

Un autre grand luxe d'aujourd'hui, c'est la solitude. On ne l'a jamais: bureau-famille, famille-bureau... J'ai des amis, des hommes et des femmes mariés, qui m'ont dit: «Les embouteillages? Mais tu ne te rends pas compte, là on est tranquille. C'est le seul moment de la vie où on est seul.» Là, on ne peut les joindre, ils sont enfin seuls, enfin libres (pare-chocs contre pare-chocs) une heure! [...]

Il y a des femmes qui se plaignent de la solitude..., celles qui n'ont rien dans la tête. Pour moi, je l'ai apprise et je l'apprécie. C'est cette conscience d'un soi immuable, incommunicable et assez perdu à la fois, presque biologique en somme. C'est souvent au milieu d'une bande d'amis que je me sens vraiment seule. J'aime aussi cette solitude-là. Il n'y a pas d'endroit plus solitaire, parfois, qu'une boîte de nuit. Il m'est arrivé aussi d'avoir soudain envie de vivre seule, indépendante, autonome, de prendre le temps de «me reprendre en main», de voir des inconnus. Pour voir, me promener, voyager, passer huit jours dans une petite ville ennuyeuse de la Belgique ou aller aux Indes, au Tibet, en Russie; pour m'arracher aux choses trop acquises. [...]

De temps en temps, la solitude est indispensable. [...] Mais je ne confonds pas le fait de passer un après-midi seule, entre une tasse de thé et des disques, avec la vraie solitude. Celle que tout le monde connaît, à laquelle on n'échappe pas et qui n'est pas un luxe. On naît seul, on meurt seul. Entre-temps, on essaie de ne pas être trop seul. Je suis aussi profondément persuadée que tout le monde «se sent» seul et est profondément malheureux de ce fait. [...] On essaie d'y penser le moins possible, de combler cette solitude.

(Françoise Sagan, *Réponses*, Paris: Le livre de poche, pp. 97–98)

10. Le fils perdu et retrouvé

(L'Evangile selon Luc, 15, 11–32)

Jésus dit encore:

Un homme avait deux fils. Le plus jeune dit à son père: «Mon père, donne-moi la part de notre fortune qui doit me revenir.» Alors le père partagea la fortune entre ses deux fils. Peu de jours après, le plus jeune fils vendit sa part de la propriété et partit avec son argent pour un pays éloigné. Là, il vécut dans le désordre et dissipa ainsi sa fortune. Quand il eut tout dépensé, une grande famine survint dans ce pays, et il commença à manquer du nécessaire. Il alla donc se mettre au service d'un des habitants du pays, qui l'envoya dans ses champs garder les cochons. Il aurait bien voulu se nourrir des fruits du caroubier que mangeaient les cochons, mais personne ne lui en donnait. Alors, il se mit à réfléchir sur sa situation et se dit: «Tous les ouvriers de mon père ont plus de nourriture qu'ils n'en peuvent manger, tandis que moi, ici, je meurs de faim! Je vais partir pour retourner chez mon père et je lui dirai: ‹Mon père, j'ai péché contre Dieu et contre toi, je ne suis plus digne que tu me regardes comme ton fils. Traite-moi donc comme l'un de tes ouvriers.›» Et il partit pour retourner chez son père.

Comme il était encore assez loin de la maison, son père le vit et en eut profondément pitié; il courut à sa rencontre, le serra contre lui et l'embrassa. Le fils lui dit alors: «Mon père, j'ai péché contre Dieu et contre toi, je ne suis plus digne que tu me regardes comme ton fils.» Mais le père dit à ses serviteurs: «Dépêchez-vous d'apporter la plus belle robe et mettez-la-lui; passez-lui une bague au doigt et des chaussures aux pieds. Amenez le veau que nous avons engraissé et tuez-le, faisons un joyeux repas, car mon fils que voici était comme mort et il est revenu à la vie, il était perdu et je l'ai retrouvé.» Et une joyeuse fête commença.

Pendant ce temps, le fils aîné de cet homme était aux champs. Lorsqu'il revint et fut près de la maison, il entendit un bruit de musique et de danses. Il appela un des serviteurs et lui demanda ce que cela signifiait. Le serviteur lui répondit: «Ton frère est revenu, et ton père a fait tuer le veau que nous avons engraissé, parce qu'il a retrouvé son fils en bonne santé.» Le fils aîné se mit alors en colère et refusa d'entrer dans la maison. Son père sortit pour l'inviter à entrer. Mais le fils répondit à son père: «Ecoute, il y a de nombreuses années que je te sers et je n'ai jamais désobéi à l'un de tes ordres. Pourtant, tu ne m'as jamais donné même un chevreau pour que je fasse un joyeux repas avec mes amis. Mais quand ton fils que voilà revient, lui qui a dépensé entièrement ta fortune avec des prostituées, pour lui tu fais tuer le veau que nous avons engraissé!» Le père lui dit: «Mon enfant, tu es toujours avec moi, et tout ce que je possède est aussi à toi. Mais nous devions faire une joyeuse fête et être heureux, car ton frère que voici était comme mort et il est revenu à la vie, il était perdu et je l'ai retrouvé!»

(Tiré de *Bonnes Nouvelles Aujourd'hui. Le Nouveau Testament traduit en français courant)*

Questions sur les textes en appendice

1. «Je suis assez sévère avec les jeunes» (texte 1). Avez-vous vraiment cette impression après avoir lu les quatre récits?
2. «J'adore l'enfance [...] je n'aime pas les jeunes en soi» (texte 1). Cesbron éprouve-t-il plus de sympathie pour Hervé que pour Gérard, Sylvie, Maurice et Jean-Louis?
3. Résumez les idées de Cesbron sur le bonheur telles que vous les trouvez illustrées dans les quatre récits et dans le texte complémentaire n° 3.
4. Cesbron fait la différence entre le «bonheur» et le «petit bonheur». Qu'est-ce qu'il entend par là? (voir texte 3).
5. Les personnages de Cesbron trouvent-ils le bonheur? Justifiez votre réponse.
6. Le recueil de récits dont nos textes sont extraits est intitulé *La ville couronnée d'épines.* Qu'est-ce que l'auteur entend par cette image? (voir texte 4).
7. «Je suis fou de la banlieue» (texte 4). Dans les quatre récits, il y a plusieurs passages qui témoignent de cet amour de Cesbron pour la banlieue. Cherchez-en quelques-uns et commentez-les.
8. Essayez de faire le portrait moral de Cesbron d'après les textes complémentaires n° 6–8.
9. Lisez les textes complémentaires n° 6–8 et commentez les opinions des trois auteurs sur l'œuvre de Cesbron.
10. Bertrand Poirot-Delpech dit que Cesbron place, dans son œuvre, «le bon avant le beau» (texte 6). D'après votre lecture de ces quatre récits, pensez-vous que cette opinion est justifiée? Pourquoi?
11. La solitude: «un grand luxe d'aujourd'hui» (texte 9). Qu'est-ce que Françoise Sagan entend par là?
12. La plupart des personnages de ces quatre récits sont des solitaires. Est-ce que, selon vous, Françoise Sagan comprendrait les gens qui se plaignent de leur solitude? (voir texte 9).